CAC职业（岗位）实训精品课程系列教材

U0941357

销售岗位

就业实训教材

滕宝红　靳元　编著

CAC教育产品研发中心　组编

中国计量出版社
CHINA METROLOGY PUBLISHING HOUSE

图书在版编目（CIP）数据

销售岗位就业实训教材 / 滕宝红，靳元编著．—北京：中国计量出版社，2009.10
（CAC 职业（岗位）实训精品课程系列教材/周怀军主编）
ISBN 978－7－5026－3161－1

Ⅰ．销…　Ⅱ．①滕…②靳…　Ⅲ．销售－技术培训－教材　Ⅳ．F713.3

中国版本图书馆 CIP 数据核字（2009）第 171489 号

内容提要

本书以中小企业为样本，以单独设立的销售部门为例，分别对销售人员工作中涉及的销售知识的储备、目标客户的圈定、对客户的拜访、成功签约的管理、销售款项管理以及客户关系维护等六大工作职责进行了详细的讲解和分析，将基础知识和实操演练相结合，为销售人员提供了有效的培训和管理方案。销售人员通过对本教材的学习，能够清楚地了解到其在工作中的角色和职责，懂得销售事务的处理方法、流程和步骤，清楚提升岗位能力的方法与技巧等，从而能够更好地为企业创造利润，为客户做好服务。

本书可作为销售部门培训新员工的教材，也可作为应聘销售岗位人员的自学参考用书。

中国计量出版社出版
北京和平里西街甲 2 号
邮政编码　100013
电话(010)64275360
http：//www.zgjl.com.cn
北京密东印刷有限公司印刷
新华书店北京发行所发行
版权所有　不得翻印
*
787mm×1092mm　16 开本　印张 13.75　字数 324 千字
2009 年 10 月第 1 版　2009 年 10 月第 1 次印刷
*
印数 1—3 000　定价：28.00 元

CAC职业（岗位）实训精品课程系列教材
编 委 会

顾　问　宋　建　王锡赞

主　编　周怀军

编　委　（按姓氏笔画排序）

王爱欣　叶玉宏　史美芹　多俊岗　刘光生
杨建政　李元生　李光伟　何正霞　何建国
汪　东　张东燕　张海让　果宏伟　宗　勇
贾尊晥　高显嵩　滕宝红　霍　红

序 言

职业教育和职业培训是国民教育事业的重要组成部分，在实施科教兴国战略和人才强国战略中具有特殊的重要地位，是促进经济社会发展和劳动就业的重要途径。《国务院关于大力发展职业教育的决定》提出："要把发展职业教育作为经济社会发展的重要基础和教育工作的战略重点"，体现了党中央、国务院对发展职业教育的高度重视。职业教育和职业培训的根本任务，就是培养适应现代化建设需要的高技能专门人才和高素质劳动者。因此，职业教育特别是职业培训要从劳动力市场的实际需要出发，坚持就业导向，着力加强劳动者的实际技能，全面提高劳动者的综合素质。

"CAC 职业（岗位）实训精品课程"正是为了适应职业教育发展与改革的新形势而推出的，目的在于培养符合企业实际和劳动力市场需求的技能型人才。

要提高培训质量，课程体系的构建和教材的建设是关键。当然，教师队伍建设、教学实践基地建设也是办好职业培训所不可或缺的。但是，作为知识和思想的载体，以及来自实践又能指导实践的教材，既具有基础性又具有前瞻性的特点，使其成为培养技能型人才的首要保证。基于这样的认识，"CAC 职业（岗位）实训精品课程系列教材"将陆续出版面世。本系列教材的最大特点是以就业为导向，突出实用性和专业性，重点培养学员的技术运用能力和岗位从业能力。

在此，我谨向教材的作者、组织者和所有参与"CAC 职业（岗位）实训精品课程"研发工作的同志们表示感谢，并希望"CAC 职业（岗位）实训精品课程"在我国的职业培训工作中发挥先锋带头作用，为培养高技能复合型人才做出应有的贡献。

2006 年 8 月 29 日

前言

企业用人的原则就是将合适的人对号入座放在合适的岗位上。如果你刚刚进入营销行业或销售这个岗位，那么该如何评估自己和销售岗位之间的契合性？如何了解销售岗位的工作内容和工作要求？如何处理销售岗位上的工作事项？如何掌握处理销售工作事项的技巧和方法呢？要弄清楚这些问题，首先要从销售部门所涵盖的内容说起。

销售部门是企业最基本、也最重要的一个部门。因为企业的最终目标都是通过销售获得利润，所以销售部门始终存在，只是存在的形式不同而已。例如，有的企业会单独设立销售部门，而有的企业则将销售部门设在市场部门之中。无论如何设立，部门的名称叫什么，其工作内容只有一项，那就是如何让消费者买到产品，如何将企业的产品转化为利润。

现代企业的销售活动主要分为六大工作模块：做好销售准备、圈定目标客户、进行客户拜访、成功签约管理、销售款项管理、客户关系维护。在大型企业中，由于产品比较丰富，销售部门的工作量及工作强度都很大。因此，企业营销部门的分工也就比较细致，设立的岗位也就比较多。例如，市场专员、客服专员、销售代表等，每个人员均只负责自己的工作内容。而在一般的中小企业中，企业的员工不多，工作量也没有那么大，因此营销部门的人员也就比较少。一般情况下，营销部门设有一个销售经理，其余的则是销售代表也就是销售人员，此时就需要销售人员身兼数职，只要是与销售工作有关的内容均得由自己完成，这样就对销售人员提出了更高的要求。

本教材的内容是以中小企业的销售工作为基础进行编写的，通过对销售人员六大工作职责的讲解让销售人员首先清楚自己应该扮演的角色和承担的职责；其次，知道自己工作岗位上的事情的处理方法、流程和步骤；最后，清楚提升岗位能力的方法与技巧。

由于时间仓促，加之水平有限，书中疏漏和不妥之处在所难免，敬请读者批评指正。

编　者

2009. 8

目 录

导　读

导读一　一体化服务流程

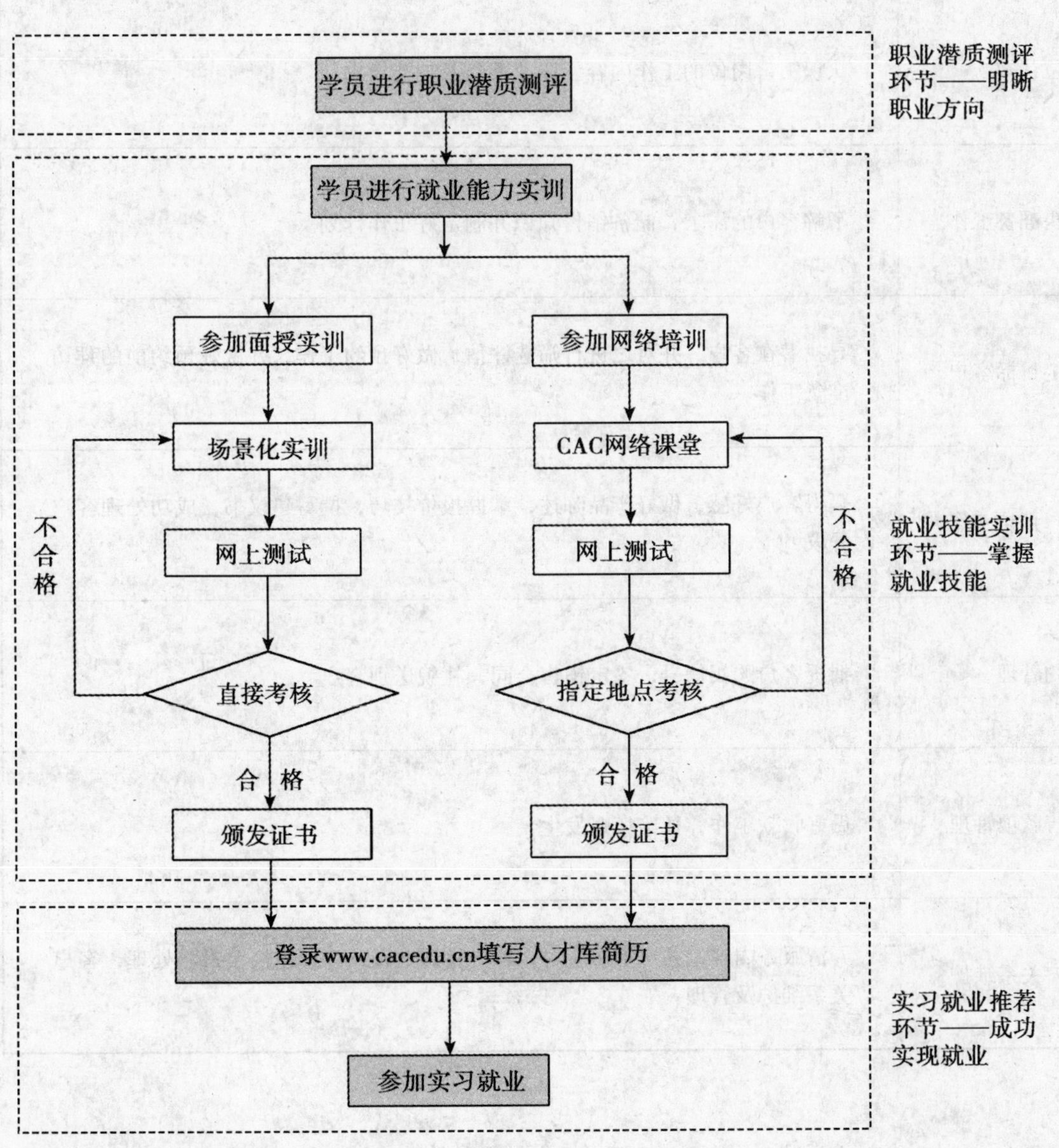

导读二　实训导引

实训模块	实训要点
岗位认知	认识销售岗位的工作内容、职业素质及技能要求
销售准备工作	了解客户的需求，储备销售知识并制定好工作计划
圈定目标客户	寻找潜在客户，并对之进行筛选评估，做好预约工作，并做好预约前的拜访准备工作
客户拜访工作	赢得客户好感，做好产品陈述，掌握报价技巧，撰写建议书，成功处理客户异议
签约管理	捕捉客户购买信号，签定销售合同，礼貌送别客户
销售款项管理	做好收款工作，杜绝坏账发生
客户关系维护	弄清服务内容，客户抱怨应对，客户投诉处理，客户退换及索赔处理，客户关系维护及管理

岗位认知

销售岗位描述

1. 认识工作内容
2. 明确岗位职责
3. 了解素质要求

销售岗位认知

销售岗位职责说明书

<table>
<tr><td>岗位名称</td><td>销售员</td><td>岗位编号</td><td></td></tr>
<tr><td>直接上级</td><td>销售经理（主管）</td><td>所在部门</td><td>销售部</td></tr>
<tr><td colspan="4">职位概要
（1）完成销售经理或主管下达的销售指标。
（2）开发客户源，定期拜访客户，达成交易。</td></tr>
<tr><td colspan="4">岗位职责
（1）销售知识储备：了解客户的需求，储备销售知识并制定好工作计划。
（2）圈定客户：寻找潜在客户，并对之进行筛选评估，做好预约工作，并做好预约前的拜访准备工作。
（3）拜访客户：为客户做好产品陈述，正确报价，撰写建议书，并处理客户异议。
（4）成功签约：与客户不断地交往、沟通、协商，促使交易成功，与客户签订销售合同。
（5）收款及催款：及时做好收款工作，杜绝坏账发生。
（6）客户关系维护：妥善处理客户抱怨、客户投诉，对客户产品退换及索赔要求进行处理，通过细节对客户关系进行维护及管理。</td></tr>
<tr><td colspan="4">岗位任职要求
教育背景：
◆ 市场营销、心理学、管理学等相关专业专科以上学历。
培训经历：
◆ 受过现代销售礼仪、销售策划、客户开发与维护、销售渠道建设，沟通等方面的培训。
技能技巧：
◆ 了解职业形象的塑造方法，掌握形象礼仪及沟通礼仪。
◆ 熟悉企业的销售方针及企业产品的功能、报价、核心卖点及消费者定位。
◆ 掌握竞争对手产品的功能、价格和核心竞争力。
◆ 熟悉客户的开发、拜访、成交技巧，掌握客户抱怨及投诉处理技巧，懂得如何维护客户关系。</td></tr>
</table>

下面是老C跟小C就从事销售岗位工作所需具备的素质与技能展开的对话。

老C：销售是一个很常见也很有前景的职业，华人首富李嘉诚也是从销售员做起的；不过，这也是一个具有挑战性的职业，据美国有关资料调查显示：在环境、产品等外部条件都差不多的情况下，超级销售员比普通销售员的业绩可高出300倍。

小C：为什么他们之间的业绩会有如此大的差异呢？

老C：这个不难看出，销售业绩显著的差距主要是由于其自身素质的差异造成的。杰出的销售员自有他的杰出之处，有了优秀的素质，才可能有傲人的销售业绩。

那么优秀的销售员应具备什么样的素质呢，以下内容可供借鉴。

一、素质要求

（一）基本素质

从事销售工作的人员，必须具备以下一些基本素质。

1. 身体

销售是一项十分辛苦的工作，特别是在工作中遇到困难和挫折时，心理压力和工作艰辛所带来的身心疲惫是常人难以体会的。而且，销售人员每一次交易的完成都是拜访多名客户的结果，需要心理上、体能上的大量消耗。因此，销售人员必须具有健康的身体、充沛的精力，这样才能胜任销售工作。

2. 性格

性格是指个人对现实的稳定态度和与之相适应的习惯化的行为方式。首先，从态度上来说，销售人员应该待人热忱，乐于接受新鲜事物。其次，从行为方式上来讲，销售人员必须真诚办事，作风正派。

3. 知识

销售人员应该具备以下几类知识：

（1）基础文化知识

销售人员的基础文化知识是指建立在个人的生活经验基础上的社会生活常识和科学文化知识，包括语文、数学、政治、外语、计算机应用等方面的基础知识。

书中穿插的人物小C是新入职的销售员，老C是销售部门经理。

（2）专业理论知识

销售员在从事本职工作时所需的专业理论知识，可以进一步分为专业基础知识和专业知识。专业理论知识包括经济学、社会学、经济法、商品学、统计学、财务会计学、金融与保险、管理学、公共关系学、消费心理学、市场调查与预测、广告学、谈判学、销售理论与实务、营销管理、客户关系管理、国际贸易、进出口实务、电子商务等。

（3）现场实际知识

销售人员的现场实际知识是指销售员在从事具体的销售工作时，所需的有关工作环境、工作对象、工作资源、工作任务、工作程序、工作手段、工作评价等相关的现场实际知识，它是对工作主体所处的工作环境的客观反映和实际认知。要具备现场实际知识就要求销售人员不但要有所“知”，即知晓相关的知识；还要有所“识”，即对所知晓的知识有切合实际的理解和体会。现场实际知识包括行业法规、市场行情、政府主管部门、供应商、中间商、竞争者、金融保险、物流配送乃至媒体宣传等现实环境知识；社会公众、消费者、客户或客户等服务对象的现实知识；产品及服务等的知识；企业组织、经营管理、生产技术、人事关系、业务流程、工作目标、考核评价等内部物质人文环境等的现实知识。

（二）心理素质

1. 超强的自信心

人最大的敌人之一就是自己。超越自我，是成功的关键因素。相信自己，相信自己会成功，这一点对销售人而言至关重要。销售人员要自信，可以说，凡是有关销售乃至成功励志的书籍都会谈到自信这个问题。可见，自信是销售人员成功的关键因素。

对销售人员而言，遭到拒绝是家常便饭。世界级销售大师哥特曼曾经说过：“销售从被拒绝开始。”一个销售人员不接受拒绝是不可能学会做销售的。

曾经有人做过一个有趣的调查，调查美国、日本、韩国、巴西四个国家的销售人员在30分钟谈判过程中，客户或潜在客户说“不”的次数，也就是遭到拒绝的次数。结果为：日本人2次，美国人5次，韩国人7次，巴西人最多，是42次。

老C提醒：

建立自信心有赖于知识、经验和能力的积累。“空袋是难以直立的”，很难想象，一个知识、经验和能力都很缺乏的人会有很强的自信心。因此，建立自信心，根本还是要从知识、经验和能力的积累入手，循序渐进，慢慢培养。

2. 强烈的事业心

事业心，是决定销售人员能否爬上职业金字塔塔尖的重要因素。要培养超强的事业心，就必须摆脱“心理舒适区”的困扰。所谓“心理舒适区”，是指每个人为避免失败或经受超强度的压力，会想方设法将自己的目标设定在一个合适范围内，这个范围将给我们心理上带来“比上不足，比下有余”的“舒适感”。

比如，如果你是销售经理，你在月初给某个业务员定的销售计划是5万元，完成任务后就可以拿全额奖金。在接到任务后，你会发现这名业务员会拼命去销售，在月中的时候你就发现他已经完成了全月的销售任务。但当你暗自高兴，并在心理盘算“这家伙这个月的业绩有可能突破10万”的时候，你会发现在整个下半个月里，他几乎都没有什么业绩进账。这就是典型的“心理舒适区”效应。因为他害怕这个月卖多了以后，你会变本加厉地给他增加业绩要求。

作为销售人员，摆脱“心理舒适区”的困扰是培养事业心的第一步。当自己满足于“我已是最优秀的20%”时，就必须时常问自己，“我能成为20%中的20%吗?”

老C提醒：

在自己成为一名真正的销售人员之前，先回答以下三个问题：

①你将以什么方式来谋生？做一名教师、医生，还是其他？

②你将朝什么方向发展？是爬向金字塔顶端，还是甘愿生活在职业底层？

③你将以什么方式工作？是积极主动，追求卓越，全力以赴，还是消极被动，得过且过，投机取巧？

如果之前还没有仔细想过这些的话，那么现在必须给自己这个机会；否则，你将永远都无法适应未来的工作，因为这个工作不是你真正喜欢的。如果你已经仔细想过了以上三个问题，并已有明确的答案，那么恭喜你，因为你已经迈出了走向成功的关键一步。任何时候都要记住，“爱一行，干一行”和“干一行，爱一行”同样重要。

3. 超强的亲和力

销售人员，因为从事的是感染他人的职业，所以必须要有超出常人双倍的热情。

微笑是建立亲和力的第一步。如果你还没有出色的口才，还不具备迷人的魅力，但只要你会微笑，就可以面对天下人了。所以，成功的销售人都有一种习惯：先微笑，后说话。超强的亲和力是人的积极心态的外在表现，一个心态消极的人是不可能有亲和力的。

小C：起初我觉得销售员只要能将东西卖出去就可以，我本身就是学营销专业的；听你这么一说，我有很多方面的素质都还欠缺。

老C：这个也不用急，不具备不要紧，平时加强这方面的训练就可以了。另外，销售人员除了具备一定的素质之外，为了有效地开展销售工作，正确处理销售过程中出现的各种问题，还得掌握以下的工作技能，并且能够很好地加以运用。

二、技能要求

（一）沟通洽谈技能

1. 倾听

在与客户沟通中，潜心地倾听往往比滔滔不绝的谈话更为重要。学会倾听才能探索到客户的心理活动，观察和发现其兴趣所在，从而确认客户的真正需要，以此不断调整自己的销售计划，突出销售要点。倾听时需遵循以下要领：

（1）专心致志

精力集中、专心致志地听，是倾听艺术最重要、最基本的方面。只有专心倾听，才能及时回应客户提出的问题，并不会因丢失重要的信息而错失销售良机。

（2）有所鉴别

有鉴别地听必须建立在专心倾听的基础上。例如“太贵了”，这几乎是每一个客户的口头禅，言外之意可能是“我不想出这个价”，而不是“我没有那么多钱”。只有辨别真伪，摸清客户的真正意图，才能更有效地调整谈话策略，有针对性地做好说服客户的工作。

（3）要有耐心

当已经明确了客户的意思时，也要坚持听完对方的叙述，不要因为急于纠正客户的观点而打断客户的谈话。即使是根本不同意客户的观点，也要耐心地听完他的意思。听得越多，就越容易发现客户的真正动机和主要的反对意见，从而及早予以清除。

（4）积极回应

要使自己的倾听获得良好的效果，不仅要潜心地听，还必须有反馈的表示，比如点头、欠身、双眼注视客户，或重复一些重要的句子，或提出几个客户关心的问题。这样，客户会因为销售人员如此专心地倾听而愿意更多、更深地展现自己的观点。

小朱是一位保险销售员，一次，他向一位客户销售一份意外险，洽谈过程十分顺利。当客户正要签单时，客户的一位朋友来拜访，小朱看到这位朋友对保险也很感兴趣，于是一边跟来访者津津有味地介绍相关险种，一边指导客户填写保单，不料客户却突然停止填写保单，说不买了。小朱苦思冥想了一天，不明白客户为什么对已经决定的事情突然放弃了。晚上，他终于忍不住给客户打了一个电话，询问客户突然改变主意的原因。客户不高兴地在电话中告诉他：“今天下午填保单时，我在犹豫受益人该填谁更好，向你请教时，您却只顾跟来人谈保险，完全置我于不顾。”小朱明白了，这次生意失败的根本原因是因为在客户说话时自己没有认真倾听，忽略了客户的需求和感受。

由此可见，在沟通过程中，需要销售人员以尊重和积极的心态去聆听客户的心声，只有这样，才能获得客户的认可和信任。

2. 提问

在沟通洽谈中，提问既可以帮助销售员获得所需要的各种信息，以便更深入地了解客户的需求，也可以引起客户的注意，使客户对这些问题予以重视，有助于引导客户的思路，推动销售的成功。可见，销售员如果善于运用提问的技巧，就可以及早触及与销售有关的问题和提示客户明确自己的真正需求，从而有效地引导沟通的进程。

根据客户所提问题的不同，提问可分为开放式和封闭式两种。

（1）开放式

开放式提问是指能让潜在客户充分发挥想象空间来阐述自己的意见、看法及陈述某些事实现状的提问方式。例如：“您希望拥有怎样的保障？”“您目前的使用状况如何？”开放式提问的目的是：

a. 取得信息。

提问1：你现在通过什么方式上网，你觉得怎么样？

目的：了解目前的状况及问题点，以挖掘客户的需求

提问2：你希望有哪些方面的保障？

目的：了解客户的需求和期望，以便更好地满足客户的要求

提问3：您使用了A公司的宽带上网后，觉得怎么样？

目的：了解客户对其他竞争者的看法，以获得销售机会

b. 让客户表达看法、想法。

提问1：对保障内容方面，您认为有哪些还要再考虑？

目的：进一步确认客户的需求。

提问2：我想请问您为什么会这样认为呢？

目的：了解客户拒绝的原因，以便找到突破口。

（2）封闭式

封闭式提问是让客户针对某个问题，在“是”或“否”这两者之间做出明确的回答。例如：“您想买的手机是送礼，还是自用？”“您购买房子先考虑的是交通便利，还是环境安静？”封闭式询问的目的是：

a. 获取客户的确认。例如：“团体保险已成为一项吸引员工的福利措施，不知道您老是否同意？”

b. 引导客户进入你要谈的主题。例如：“金融业安全性的要求是很高的，我想张总在考虑选择通信公司时，会将网络的稳定性和安全性作为考虑的重点，是吗？”

c. 缩小主题的范围。例如：“您要的是经济型还是商务型的车？”

d. 确定优先顺序。例如：“您选择房子的地点是以您上班方便为优先考虑，还是以小孩上学方便为优先考虑？”

3. 说服

说服，就是综合运用听、问、答等各种技巧，千方百计地影响客户，刺激客户的购买欲望，促使他做出购买决定。以下是几种有效的说服技巧，供销售人员日常工作中参考借鉴。

（1）循序渐进

说服应遵照由浅入深、从易到难的方法。开始时，避免重题、难题，先进行那些容易说服的问题，打开缺口，逐步扩展。一时难以解决的问题可以暂时抛开，等待适当时机。

（2）寻求共同点

要想说服客户，首先要赢得他的信任，消除其对抗情绪，用双方共同感兴趣的问题为跳板，因势利导地提出建议。因此，资深销售人员总是避免讨论一些容易产生分歧意见的问题，而先强调彼此的共同利益。当交易洽谈即将结束时才把这些问题拿出来讨论，这样双方就能够比较容易地取得一致的意见。

（3）突出利益，耐心细致

在沟通洽谈中，客户最关心的问题是购买能否为自己及公司带来利益，以及能带来多大的利益。因此说服必须耐心细致、不厌其烦地把产品的优点以及客户购买产品后所享受到的

好处讲深、讲透，让客户相信购买便能获利，能够解决他的难题。有时，客户不能马上做出购买决定，这时就应耐心等待；在等待的同时，可适当地运用幽默达到一种共识。

（4）富兰克林式表达

富兰克林式表达技巧就是销售人员向客户说明若购买该产品能够得到的好处，也向客户说明不买该产品将蒙受的各种损失。比如，购买后，能够得到的第一个好处是什么，第二个好处是什么，第三个好处是什么，第四个好处是什么；若不买，将会受到的第一个损失是什么，第二个损失是什么，第三个损失是什么；让客户自己权衡一番之后，以便做出选择。

（5）学会用数字

数字是说明事实的好方法，如果销售人员用数字来介绍某一个事物，当你听过之后马上会对这种产品、这种事物有了比较明晰的概念。如果说所售产品能够让客户省钱，究竟能够让他省多少钱，用一个具体的、实实在在的数字就很容易打动客户。

（6）引证

让客户相信销售人员所说的一切都是正确的，可以引用例证，举出该行业中其他企业（最好是处于领先地位的企业）使用自己公司或所售产品的例子来作例证。

（7）把握时机

成功的说服在于把握时机。这包含两方面的含义：一是销售员要把握对说服工作的有利时机，趁热打铁，重点突出；二是向客户说明，这是购买的最佳时期。

（二）市场策划技能

1. 市场调研

一个优秀的销售人员应该学会编写市场调查提纲，掌握市场调查方法，进行实地的市场调查和消费者调查，撰写调查报告。

2. 销售策划

一个合格的销售人必须能在市场调查的基础上，进行客户细分，选择目标客户，确定销售目标和方法，制定销售访问计划。

（三）现场操作技能

1. 示范

从事销售的人员，在与客户沟通过程中，往往企业产品的许多好处是用语言表达不出来的，这就要求销售人员能够运用其他的方法及技能来向客户展示产品，示范就成为一种行之有效的方法。

老C提醒：

示范是介绍产品的一种非常好的方式。据统计，谈话内容在客户的脑海中只能留下10%的印象和记忆，而让客户参与面谈，参与示范，所获得的印象则会大大提高。因此，今天我们的销售人员不管销售什么样的产品，一定要善于运用示范的方式来向客户介绍你的产品。

现场展示时常用的示范方法有：

（1）对比示范

“有比较才有鉴别”，“不怕不识货，就怕货比货”。把新产品和老产品比一比，和竞争对手的产品比一比，使用本产品和不使用本产品比一比，通过这种对比，就可以把产品的优点和特点展示在客户面前，让客户信服。

（2）体验示范

所谓体验，就是让客户亲身接触产品或亲自参与产品使用的过程，通过亲身的感受，使客户深切地感受到拥有产品的好处，从而激发其强烈的购买欲望。

（3）形象化示范

如果所售的是无形产品或不便展示的产品，如何让客户对产品有深入的认知？这时就需要运用形象化的手段。销售员可以利用模型、图片、表格等做示范，通过画面、图像、具体的数字进一步向客户介绍产品。如果把产品的主要数据记住，就可以临场发挥。销售员可将产品的重要数据、文字用特别的颜色进行强调，再配以简单的图表，使客户清楚地看到数据之间的区别，从而有助于客户产生形象的概念。

2. 方案呈现

方案呈现是指销售员通过销售演讲同时向多个潜在客户介绍产品或综合解决方案的沟通技巧，它与示范等技巧一样是促进销售的很好的辅助方法。通过方案呈现，可以通过综合刺激客户视觉、听觉、触觉及嗅觉上的感受，形象地描述产品和服务的特性、优势和利益，以及销售计划和专业性的建议，从而有效地吸引潜在客户的注意力，提高客户的兴趣和对产品的了解。其结果是使客户逐渐树立并强化对销售的产品、服务的个人信念，最终转化成需求和需要。对于销售人员而言，要想方案呈现要有效，应做好以下几项工作：

（1）分析听众

方案呈现与一般的演讲不同，方案呈现是以销售为目的，是双向沟通的过程，潜在客户是听众，当他们有问题时，会马上提出并要求立即作答。销售员需根据现场的新问题和新情况调整演讲的内容，这对销售员来说极具挑战性。

因此，要有效地进行演讲，并获得销售主动，需要销售员在方案呈现前对听众，即潜在客户进行深入的分析。具体可从以下几方面进行准备：

①了解听众是哪些人，他们在购买决策中扮演的角色如何；

②研究听众对产品的关注点；

③设想听众会提出什么样的问题，会对哪些问题敏感；

④了解听众的价值观和对产品的意见。

（2）确定主题

客户的精力和时间是有限的，方案呈现的时间通常在30分钟左右为宜，要在这极有限的时间内打动潜在客户，达成销售目的，需要销售员在方案呈现前就能根据潜在客户需求和关注点进行分析，明确演讲的主题，把最能打动客户的内容浓缩成几个要点，在演讲时反复强调，从而达到最佳的销售效果。

（3）制作PPT

制作PPT即运用PowerPoint制作演示文稿。PPT是现在使用最广、较有效的销售演讲辅助工具，其作用在于运用动态的幻灯画面辅助销售员传达销售信息。要使PPT演示文稿达到最佳效果，要求PPT设计做到重点突出、明了，层次分明、清晰，画面简洁、美观，色彩协调、悦目，呈现生动、活泼，风格基本一致。概括起来就是需要符合三个基本原则，即能帮助销售员清晰地讲述，能协助听众容易地理解，能吸引听众热情地倾听。PPT的制作要想达到这些效果，销售员在制作演示文稿时应遵守以下规则：

①在一张PPT中要点不宜过多，建议不超过三个，以便突出重点；

②字体要大，行数要少，字体前后基本一致，字号适中。大标题至少要用44号以上的字。大小标题尽量使用粗体；

③模板建议使用标准色，版面符合KISS（Keep It Simple and Stupid）原则，即尽量简洁和简单；

④插图根据培训内容确定，应与培训内容相关，风格前后基本相近；

⑤在一张PPT中最多出现两个层次，层次符号前后一致；

⑥建议采用多种动态呈现方式，使PPT呈现生动、活泼。

（4）使用视像工具

视像工具不仅可以帮助销售员进一步形象演示产品的特性，还起到吸引注意力和强调演讲内容的作用。以下是一些比较有效的销售视像工具：

①视听工具，如VCD、录音机和幻灯等。这些工具能动态地、声情并茂地展现产品和企业，具有很好的现场感，对激发客户的购买欲有很好的效果。

②图画和照片。图画和照片能通过不同的色彩和细节的展现，从局部到整体，对产品的每一个组成部分一一分解，可以起到表现入微的效果。

③图表，如曲线图、柱形图、饼图、表格等。运用图表表达一些统计信息要比用口头表达更直观和更全面，也更迅捷、更具说服力，能有效地吸引潜在客户的注意力。

④模型。模型可以展现一件产品的立体形象，有效地增强了产品的现实形象，对提高客户对产品的了解极有帮助。

⑤样品。对于一些小型消费品，样品是最好的销售用视像工具。

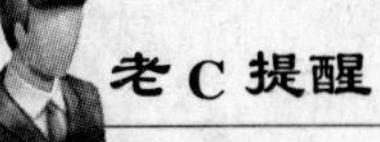

老C提醒：

运用视像工具能有效提高销售说服力，但在使用视觉器材时要注意以下几点，才能使其辅助作用发挥到最好：

（1）各种器材综合使用，以达到最佳效果；

（2）要由销售员主导，切忌成为器材的奴仆；

（3）注意双向沟通，避免对着器材、屏幕说话；

（4）防止身体部位挡住屏幕、示范物，使展示效果达到最佳；

（5）不使用时把器材关掉，以免分散听众注意力。

（四）业务提升技能

1. 客户关系维护

在深入了解目标客户的基础上，与客户建立经常性的联系，提供客户所需的信息咨询、商品供应、售后服务等方面的服务。建立并维护良好的客户关系，提高客户的重复购买率。

2. 合同管理

根据企业经营需要和客户要求，准备合同文本，签订合同，并进行合同签订后的后续跟踪管理工作。

3. 货物配送

能按照企业经营需要和合同要求，组织商品发运，保证每一个销售期的商品供应及不合格品和滞销品的换货、退货工作。

4. 熟练操作电脑

为加强销售业务管理工作和加速销售工作中的信息传递，熟练掌握办公电脑软件和专业管理软件操作，以及掌握计算机网络应用的基础知识，对现代销售人员来讲就显得尤为必要。

小C：是不是具备了一流的素质及能力，离杰出销售员就不远了？

老C：那可不一定，业内有句俗话，不知你听说没有："一流的卖人品、二流的卖服务，三流的卖产品"。现实中，客户买的不仅是你的产品及服务，更多的买的是一种感觉，也就是销售人员的人品，所以说"做事先做人"。作为一名合格的销售人员，应当有自己的行为准则和道德规范，也就是通常所说的职业素养。

三、行为准则和道德规范

一名合格且优秀的销售人员，应当遵循下列行为准则和道德规范。

1. 实事求是

销售工作的实质在于通过买卖双方的信息交流来达到销售产品、树立形象和信誉的目的。要使销售活动获得圆满成功，其基本前提在于所传播的信息必须真实准确，因而销售人员最起码的职业准则就是实事求是、诚实可信。

2. 讲究信用

我国有句俗语："言必信，行必果。"无论是销售企业还是销售产品，讲信誉、守信用是至关重要的，如果一个销售人员连起码的信誉和信用都不讲，那么他所做的销售活动是注定做不好的。在与客户的交往过程中，销售一方只有极端重视自己的形象和信誉，才能在强手如林的市场竞争中保持优势。讲究信用要以尽心尽责为出发点。衡量一个销售人员是否具有职业道德，一条重要的标准就是看他对销售工作是否恪守尽责。

3. 遵纪守法

销售人员作为社会一分子，他的一切活动都置于一定的法律规范之内。这就要求销售人员具有强烈的法制观念，遵纪守法，一切依法办事，真正做到知法、懂法、守法。

4. 廉洁奉公

随着交往的增加和市场流通的发展，销售活动日益活跃，销售人员每天与各类公众打交道，最有机会获取信息、技术和商品，因此销售人员必须遵守廉洁奉公、不谋私利的道德规范，做到不贪污侵占，不行贿受贿，不收受一切不义之财。

岗位职责一
做好销售准备

基础技能要点

1. 消费者的需求特性
2. 行业知识、企业知识及销售策略
3. 工作计划制定原则

核心技能要点

1. 客户需求层面
2. 产品知识、竞争对手及样品销售
3. 确定工作目标
4. 制定工作计划

工作任务一　认知客户需求

老C：作为销售员，要想成功销售，首先就得满足消费者的需求，不能凭自己的想当然行动或经验就以为能够将销售做成功。

小C：那么如何才能知道客户的消费心理和购物心态啊？

老C：这个不难，只要肯动脑筋，探究客户的个性特征与气质，掌握客户的需求规律就可以了。

小C：就这么简单吗？

老C：当然不是，在明确客户需求的基础上，还要处处为客户着想，帮助客户解决实际问题，这样才能赢得客户的青睐和忠诚。

小C：怎样才能掌握客户的需求呢，而且人是那么复杂的动物，不同的人有不同的需求，这里还有什么规律可循吗？

老C：当然有。凡事都有其自身的规律，客户需求也不例外。在了解客户需求这个环节上，必须得做好以下这三件事，这样你就不愁不知客户需求了。

小C：哪三件事啊？

老C：第一件事是明确客户的需求特征；第二件事是管理好客户的需求；第三件事也是较难的——创造客户需求。

一、基础知识

满足消费者需求是销售工作应该遵循的宗旨。如何才能满足消费者的需求呢？首先得发现人的需求，因为它是实现销售的前提条件。人的需求具有以下几方面的特性，销售员必须有所了解。

1. 目标性

需求总是和满足需求的目标联系在一起的。比如。人饿了就要寻找食物充饥，冷了就要寻找衣服御寒，渴了就要找水喝等。需求一经实现，就能给人带来生理或心理上的满足。离开了目标和对象，就无从观察和研究人是否具有某种需求。

2. 层次性

人的需求是有层次的，不断地由低级向高级发展。先是满足最基本的生活需求，而后才是满足社会和精神的需求。

3. 紧张性

需求是个体在生活中感到某种欠缺而形成的某种心理状态。当某种需求产生后，便形成一种紧张感。

4. 驱动性

通常，人们为了消除生理或心理上的紧张，构成寻求满足需求的驱动，推动着人们去行动，以求得生理或心理上的平衡。

5. 发展性

人的需求随着社会生产力的发展和物质文化生活水平的提高而变化发展。它不仅体现在不断提高的需求标准上，而且还体现在日益复杂多样化的需求种类上。

比如，宝洁公司了解到中国消费者对去头皮屑产品的需求，从而将产品作了调整。

千百年来，中国人并没有为头皮屑而烦恼，这是一种再正常不过的生理现象。但是这一切从宝洁公司 20 世纪 80 年代末进入中国后就改变了。曾经如雪花般散落在黑发间的头皮屑竟然是如此的刺眼。

宝洁公司洗发水“海飞丝”的广告在不同的时间和不同的地点，从多角度诉求头皮屑带来的苦恼和尴尬，让中国人生起对头皮屑的厌恶和对去除头皮屑的愿望，从而在不动声色之间，改变了中国人对头皮屑的认识，因此赢得了中国市场。

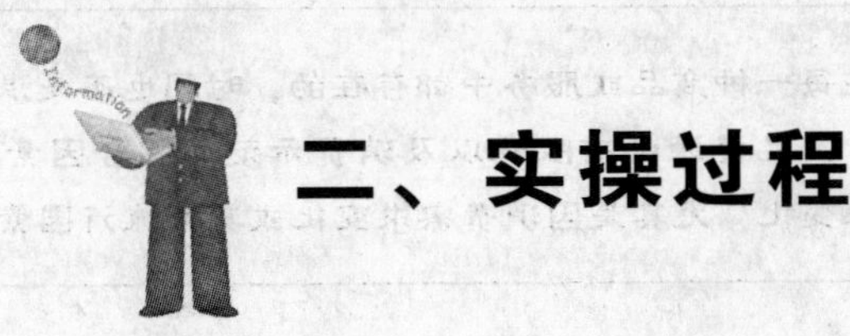

二、实操过程

第一步　明确客户需求特征

作为销售员，为了准确把握住客户的消费心理，就得明确客户的需求特征。客户需求特征归纳起来具体如下：

1. 发展性

随着社会生产力水平的提高、经济的发展以及收入水平的提高，消费者的需求呈现出由低级到高级、从简单到复杂的变化过程。因此，发展性构成了现代消费需求的一大特征。发展性具体表现为消费者的需求层次逐步提高，同一层次需求的内容也逐步提高，各种需要之间的时间间隔逐步缩短。

2. 多元性

消费者人数众多，分布面广，消费需求多样化，这些因素导致了消费品市场分散。消费者在多种环境因素方面存在着差异，对商品或服务的需要必然是千差万别。不仅整体消费市场存在着多元化或多样化的需求，而且，单个消费者在购买活动中，也不是像过去那样对商品或服务仅有一种或两种需要，而是存在着多方面的需要或多元化的需要。消费需求随着消费水平的提高而不断释放并扩散。

3. 伸缩性

消费需求的伸缩性表现为消费者的需求随着主客观条件的变化而增加或减少。

一方面，消费需求的伸缩性表现为较强的价格弹性。从需求实现过程中的市场交易来看，由于商品的花色品种繁多、规格复杂多样、技术或专用性不强，许多商品具有可替代性，因而价格的变动对商品需求影响较大。

另一方面，消费需求的伸缩性表现为需求结构的可变性。当客观条件限制了消费需求时，其需求可以被抑制或转化，以致最终放弃。

4. 周期性

一是因为商品的因素而产生周期性消费需求。从商品情况看，有些商品是常年均衡消费，需要经常购买；有些商品属季节或节日消费，一般要在季节到来时才购买；有些高档耐用消费品，消费者一般要在其使用价值基本消失，或有更好的新产品取代时，才可能购买。

二是因为消费需求变化或其他流行因素影响，导致某一种商品或服务经过一段时间后再度成为时尚，引起消费者的购买热情。

老C提醒：

商品需求的周期性不是在每一种商品或服务中都存在的，时间也不是很固定的。这种周期性的消费需求是由消费者的怀旧心理、商品资源的有限性以及消费示范等综合因素引起的，销售员在销售活动中，应把握消费需求的周期性变化，尤其是因消费需求变化或其他流行因素所致的周期性变化。

5. 可变性

消费者的需求虽有消费文化沉淀而导致的固定模式，但不是一成不变的，在主观和客观因素影响下，往往会一改过去的购买习惯而去追求新的商品或服务。消费需求的变化，虽然是消费者主观意识的产物，但在很大程度上是受到诸如广告宣传、相关群体影响、产品价格和销售方式、售后服务等许多因素的影响。外界因素影响到消费者的心理变化，其心理变化会导致购买行为发生变化。

6. 可诱导性

可诱导性表现在：

一是在外部各种刺激的影响下消费者的需求会发生变化。

二是通过某些适当的途径和手段可以对消费者的需求进行引导和调节，消费需求或由潜在的变为显现的，或由未来的变为现实的等。

第二步　管理客户需求

美国销售专家克拉克曾说："销售就是创造需求"。创造需求就要求销售员明确并实施对消费者需求的管理。

1. 变潜在需求为现实需求

销售员在销售过程中应确切了解消费者压抑购买冲动的原因，比如，资金有困难、运输不方便，以及现有产品不能满足其需求等。销售员应对消费者进行适时对路的帮助与促进，把潜在的需求变为现实的需求，如协助办理融资、送货上门、提供产品定制服务等，使消费者未能满足的需求得以满足。

2. 变负需求为正需求

负需求就是消费者对销售的产品表现出不喜欢、不满意等否定情绪，在行动上加以回避、不愿意接受的情况。分析原因后，销售员可采取适当的途径或手段，转变消费者对产品的看法或态度，从而把否定的需求变为肯定的。

将"负需求转变为正需求"，吉诺·鲍洛奇可谓是这方面的"天才"。

吉诺·鲍洛奇自幼出身贫寒，在他十岁那年，一场席卷全球的经济大萧条袭击了明尼苏达州。父亲失业了，他只好利用课余时间在外面找工作。不久，他在一家食品店找到一份销售工作。吉诺·鲍洛奇十分珍惜这份工作，他用自己的热情感染着客户，并积累着丰富的经验。一次，食品店冷藏水果的仓库起火了，等救火人员迅速将火扑灭时，发现有18箱香蕉已被火烤得有点儿发黄，香蕉皮上还有许多小黑点。最后，老板将这18箱"特殊香蕉"交给鲍洛奇，告诉他只要卖出去就行，价钱低些无所谓。

接过这些香蕉，鲍洛奇犯难了：这可怎么办呢？谁会买这些难看的香蕉呢？可不卖又不行。鲍洛奇不得不将这些发黄的香蕉摆了出来，标上很低的价格开始拼命叫卖。尽管如此仍然只有寥寥可数的几个人上前看一下，就又转身走了。无论鲍洛奇怎样解释这些香蕉仅仅是外表不好看，味道绝对可口，还是没有人买。鲍洛奇累了，随手剥开一根香蕉咬了一大口。"嗯，倒是别有一番风味。"他自言自语道，"对了，就这么办！"他突然想出一个主意，高兴得叫了起来。

第二天，鲍洛奇换了地方早早地摆出了水果摊，大声吆喝起来："美味的阿根廷香蕉，风味独特，快来买呀，独此一家，过时不候。"

吆喝声吸引了不少人，他们围在水果摊前，盯着这些皮稍微发黄，还带着小黑点的"阿根廷香蕉"，但大家还是犹豫着。

"这真是阿根廷香蕉吗？"其中一人问道。

"当然是！"鲍洛奇肯定地说，"你肯定从来没见过。我保证，它的确与众不同，不信你尝尝。”鲍洛奇凭三寸不烂之舌，将“阿根廷香蕉”说得天花乱坠，然后又剥开一根香蕉递到那人手里。

“嗯，的确与众不同。”那个人吃后点点头对周围的人说。尝罢，他掏出钱来要买香蕉。这时，围观的人们也纷纷掏出钱买“阿根廷香蕉”，尽管它的价格比普通香蕉贵了近一倍。不一会儿，18箱香蕉便被抢购一空。

3. 变无需求为有需求

无需求就是消费者对某种产品不了解、尚未感觉到这方面的需要，或者由于不感兴趣等原因而对其漠不关心、不予购买。销售员此时可根据具体原因，采取相应措施引起消费者的注意，令其加深对产品的用途、性能、效果等方面的了解，以便引发消费需求和购买冲动，从而将无需求转变为具有一定水平的现实需求。

以下这个流传很广的经典案例充分佐证了这一观点。

有一家制鞋厂，为了扩大市场，工厂老板便派一名销售员到非洲一个孤岛上作市场调查。那名销售员一抵达就开始做调查，他发现当地的人们都没有穿鞋子的习惯，看见外来的人穿鞋都非常奇怪——原来他们根本没有意识到穿鞋可以保护双脚。

岛国很多人的脚都有毛病，他们想过很多办法去避免脚病，都不奏效。当他们了解到穿鞋可以使脚避免很多意外的伤害，更利于防止脚病后都表示非常渴望得到一双鞋。销售员还了解到：岛国的居民没有什么钱，事事都听从酋长的命令，但岛上盛产香蕉，这些香蕉又大又甜又香，这在销售员所在城市极具销售力和竞争力。

销售员便去和酋长洽谈，又与老板积极沟通，最后达成如下意见：

酋长答应以25千克香蕉，换取一双鞋，一共需要大概10万双；第一批先要1万双，越快到货越好。

而像岛国这样的香蕉如果经过适当的包装，可以每千克30元的价格卖给销售员所在城市的连锁超市，按1万千克算，扣除包装、运输、关税、人员工资等，每千克香蕉的纯利润为3元。1万双鞋如果从离岛国最近的厂运到岛国，公司的总成本为16万元。那第一批1万双鞋可以换得的香蕉总数额是25万千克，而香蕉的总利润为75万元。扣除鞋的成本，公司可以在第一笔交易中营利59万元。如果鞋在岛国本地生产，则每双鞋可以节省成本4元，公司则可以得到63万元的总利润！

4. 变下降需求为上升需求

下降需求是消费者对某种产品的需求低于正常水平，存在着下降或衰退的趋向。而销售员在调查研究的基础上，了解导致推销品需求下降的具体原因及其性质，提出改进措施，如通过搞好售后服务、发现产品新的用途、开拓新的市场等方法，促使产品进入新的生命周期，使市场需求上扬。

如下油漆店的故事就说明了主动出击，凡事都可能改变。

一个世纪前，在英国中部的一个小镇上，唯一的一家油漆店生意清淡。一天，店老板按约去火车站接收新到的油漆。到货场一看，到货的数量比订货数量多出一倍多，经联络后，才知是工厂错发。上次到的货还没卖完，存货不少，这次又运来这么多，光压货资金就承受不了。老店主心急如焚、冥思苦想。几天之后，老店主给镇上的近两年没有刷房子的所有住户送去一份礼物——一把漂亮的漆刷和一封信，上面写道："托您的福，本油漆店兴旺发展。送上一把漆刷，聊表心意，您可能又要油漆您的房子了！"没出一个月，老店主的大量存货就基本卖完了。

第三步 创造客户需求

需求是可以创造的。利用各种手段和策略，创造出客户需求，是对客户需求实施管理的最高境界。具体方法如下：

1. 价值观念创新法

通过改变客户原有的价值观，使其对推销品产生新的认识，从而增加市场需求，扩大产品销路。例如，野菜粗粮从穷人的食品变成追求饮食生态健康的时尚人士的盘中餐，这类产品的价格虽然提高了，但销路却更广了。

2. 改变消费方式创新法

这种方法是将以往人们熟知或习惯的消费形式做一些改动，吸引消费者加入。如，一般旅游景点都是进门收票，这种几十年来的惯例没有谁认为有什么不妥。有一个公园，将进门收票改为出门收钱，就是这么一个程序的变动，使这座几年来游客日渐稀少的公园又恢复了往日的人气。

3. 改变生活模式创新法

将请客吃饭变成请客出汗（健身运动），就体现了生活水平实现小康后的生活新模式。推销人员应留意这类生活新观念带来的市场机会，向客户灌输新思想，使之接受时尚推销品。

4. 营造市场需求创新法

这种方法即通过推销或其他手段，营造出对产品有需求的环境、空间、状态等，创造出对产品的需求，为自己赢得广阔的市场发展空间。

且看通用电气公司如何将自动洗碗机成功售出的！

当初美国通用电器公司率先将自动洗碗机推上市场时，等待他们的并不是蜂拥而至的客户，而是"门前冷落鞍马稀"的局面，这让公司的经营策划者们深感意外！于是，他们将希望寄托在广告宣传上。按照过去的经验，只要让广告媒体实施心理上的"轮番轰炸"，消费者总会认识到自动洗碗机的价值的。可结果是："高招"都用尽了，人们对洗碗机仍是敬而远之，眼看新开发的洗碗机就要夭折在它的投放期内。

公司只好请教市场营销设计专家。智囊们经过一番分析推敲，终于悟出一个新的营销方案：将销售对象转向住宅建筑商。

通用电气公司和建筑商共同做了一次市场实验：在同一地区，对居住环境、建造标准相同的一些住宅，一部分安装自动洗碗机，一部分不装。结果，安装了自动洗碗机的房子很快卖出或租出去了，其出售速度比不装自动洗碗机的房子平均要快两个月。这一结果使住宅建筑商感到鼓舞，当所有的新建住房都希望安装自动洗碗机的时候，通用电气公司生产的自动洗碗机便迎来了“柳暗花明又一村”的局面。

5. 传达消费标准创新法

例如，“呼机、手机、商务通，一个都不能少”这句长得有点过头的广告语，值得称道的巧妙之处就在于：商务通将自己与呼机、手机进行了概念上的产品组合。这种消费意识的捆绑式营销行为，将紧缩的市场需求扩大为急需往里面添食的“口”，也把商务通推到了市场领先的台阶。

三、实操演练

1. 实操目的

本次实操演练以检测销售员对客户需求的认知程度。

2. 实操过程

（1）在纸上写出自己认为销售过程中客户需求的特征，每个人不少于五项，并对自己进行单项评分（10 分满分制）。

（2）将每人所列项进行统计，选出得票最高的项目。

（3）分别就这些点进行分组讨论。

如果是个人演练，可以将重点放在第一点上。

3. 模拟时间

2 个课时。

4. 角色扮演

4~5 人一组，大家相互讨论评分。

5. 效果要求

学员对客户需求认知有一个全面的了解，并能据此创造出客户需求。

工作任务二　储备销售知识

老C：俗话说，“工欲善其事，必先利其器”。作为销售员，无论你是新入行的还是资深人士，在工作之前都应该了解与自己的销售业务相关的知识。

小C：为什么要这样做呢？

老C：足够的知识让销售员充满自信和力量。比如说，你对产品有特性和性能有了充分的了解，才能在客户面前扮演“顾问”的角色，才能赢得客户的认同和信任；否则很容易让自己的销售工作陷入尴尬的境地。

小C：哦，我知道这个环节的重要性了，但销售所涉及的相关知识太多了。作为销售员特别是新手，最起码应储备销售哪些方面的知识呢？

老C：当然，要想知识丰富这得慢慢来。在开展销售工作，最首要的就是储备相关知识。比如，行业企业情况、产品知识、竞争对手分析、目标客户了解等。

一、基础知识

作为销售员，销售知识就是销售力。先看下面的销售情景：

小S是作医疗药品的销售员。这天，她来到医院药品部的办公室。

药品部经理：S小姐，你详细说说贵单位生产的医用胶有什么特性？

小S：比市面上的医用胶纯度高，具有固化时间短、黏结度强度大等优势。

药品部经理：能说得具体点吗？

小S：具体的产品构成我不是很清楚，总之比第二代医用胶的配方简单多了。

药品部经理：固化时间要多长？

小S：（想了一下），好像是2～6秒，来得及操作。

药品部经理：扩散性和封闭性怎么样？

小S：应该没问题吧？（不确定口气）

药品部经理：临床有试用品吗？效果有记录吗？

小 S：目前是推广阶段，已在很多医院临床使用。

药品部经理：连你自己都不清楚就不好办了。如果你有产品资料就留下来，我们看看再说吧。

小 S 不好意思地拿出产品资料递了过去。

显然，上述的销售是不成功的。最主要的原因想必大家也看出来了——产品知识不熟悉。由此可见，销售知识储备的重要性。

（一）行业知识

行业知识的内容包括：

（1）行业的发展历史、现状及未来的发展趋势。

（2）本行业的运行方式。

（3）有关政策及这些政策对本行业的影响及约束等。

老 C 提醒：

销售员要想了解行业信息，首先可关注媒体的相关报道，其次可参加行业论坛或展会、行业门户网站及行业内具有代表性的企业内部资料，还可以翻阅资料来了解行业的发展情况。当然，最直接的方式就是通过同行或者同事的介绍进行了解。

（二）企业知识

企业知识的内容通常有：

（1）企业的历史（发展历程）、现状（规模、实力）、未来（发展规划、前景）。

（2）企业的主营业务、生产能力、市场占有率。

（3）企业在行业中的地位。

（4）企业的组织结构及内部关系。

（5）企业的管理制度。

（6）企业文化、经营理念、品牌战略及市场策略。

（7）企业销售员的管理制度及销售员的流动率、升迁状况等。

（三）销售策略

不同的行业、不同的企业有不同的销售策略，销售员在进公司时就应透彻分析企业的销售策略，并在销售的过程中灵活运用这些政策来说服客户，从而提升自己的销售业绩。企业的销售策略包括销售政策和销售支持两个方面。

1. 销售政策

（1）价格政策。比如定价策略、价格构成、交易条件等。这些政策对于客户购买产品会产生很大的影响。

老C提醒：

价格政策是销售员扩大销售量、提升业绩的有力武器。销售员若能灵活运用定价策略和价格折扣，可以促使客户作出购买决定。

（2）货款回收政策。货款回收政策包括回收方式、回收期限、未回款的管理规定等。把产品卖出去，只是销售的开始，提供良好的服务、成功收回货款才是销售的结束。

2. 销售支持

（1）返利政策。这是用以激发零售商或代理商，调动其积极性的措施之一。

（2）临时性优惠政策。这种短期优惠政策的使用因市场而异，是企业扩大销售、赢取市场份额、进行临时性和季节性促销的有力工具。

（3）促销策略。日用品的促销几乎是每个月都在进行，及时了解促销政策的变化，有利于充分把握市场信息，赢取更多的客户。

（四）相关法律法规

销售员还要了解相关的法律法规和行业规定。因为这些规定和销售员工作、行为、利益密切相关。

1. 和工作相关的法律法规

比如，行业规范、国家规定、合同法、广告法等。这些法律法规和行业规范是销售员必须要了解的内容。不仅如此，销售员还要随时关注这些规范的变化和相关法律的调整与出台。

2. 和自身权益有关的法律法规

除了关注和自己业务相关的法律法规外，销售员还要关注与自己的切身利益和客户购买消费产品的切身利益相关的法律法规。《劳动法》、《消费者权益法》对销售员本身和消费者权益做出了相关的规定，销售员应该知悉相应的规定，以便保护自己和消费者的权益。

老C提醒：

关乎自己利益的法律法规，销售员可以通过网上查询或阅读书刊等方式获得，同时要不断关注法律法规新的变化。

二、实操过程

第一步 了解产品

（一）了解产品本身的相关知识

对销售员而言，产品知识所涵盖的范围是非常广泛的，它是指销售一件产品所需要知道的各种知识。销售员需要从以下方面了解与产品有关的知识。

1. 产品的基础知识

（1）产品的“硬件”部分。产品的“硬件”部分是指产品的性能、品质、材质、特点、制造方法、重要零件、附属品、规格、改良点及拥有的专利等。

（2）产品的“软件”部分。产品的“软件”部分主要指产品的设计风格、色彩、流行性、前卫性、包装等。目前，市场上同类产品功能趋于雷同，实物产品的销售和竞争重点已经逐渐转移到“软件”上来了。因此，作为销售员，必须重视对“软件”知识的学习。

（3）产品的使用知识。产品的使用知识主要指产品的使用方法，如用途、操作方法、安全设计、物流状况、保修年限、维修条件、购买程序等。

（4）产品的交易条件。产品的交易条件主要包括产品的定价方式、价格、物流状况、保修年限、维修条件、购买程序等。

2. 产品的外围知识

产品的外围知识主要包括竞争产品的情况、市场行情的变动状况、市场的交易习惯、客户的关心点、法律法规的规定事项等。

3. 产品的诉求重点

销售员若想有效地说服客户，除了要充分掌握产品知识外，还要明确把握产品的诉求重点，即产品的市场定位、特有性能、满足客户的需求点和能给客户带来的利益点等。有效、切实的诉求重点依赖于销售员平时对产品各项信息的搜集、整理、分析以及同类产品的比较、相应客户信息的把握。

表1－1列出了一些产品的诉求重点，即向客户推销时的说明重点。通过对产品诉求重点的把握，销售员可以把产品的特性转化为客户的需求。

表 1－1　产品销售重点示例表

产品	销售重点	实例
高档消费品	身份地位、便利、提高生活品质等	汽车、珠宝
不动产	（1）投资（保值、增值） （2）方便（上班、上学、购物） （3）居住品质（安静、空气新鲜） （4）安全（设施、管理员配置、住户有素养） （5）社会地位（邻居有社会名流）等	住房、写字楼、商铺
办公设备	（1）可操作性（是否方便） （2）体积大小 （3）办公合理化的贡献 （4）功能、价格、实用性等	打印机、复印机、传真机
游戏玩具	安全性、好玩、教育性、益智、健康等	儿童玩具、成人游戏
生产设备	生产性、投资回报率、稳定性等	工厂生产设备
日用品	方便、耐用、便宜、性能好等	洗涤用品、家用电器等
保险	保障、投资等	车险、寿险、分红险种等

老 C 提醒：

只有把产品的特性和客户的需求联系起来，才能激发客户的购买欲望，打动客户的心。销售员在销售中切忌仅讲述产品的特性，不把产品的特性和客户的需求挂钩。

（二）掌握与产品相关的知识

销售员可通过设计填写《产品解析表》（见表 1－2）的相应内容来掌握产品的相关知识。

表 1－2　产品解析表

项目 产品	硬件	软件	使用方法	交易条件	市场诉求	优势及利益	备注
产品 1							
产品 2							
产品 3							
……							

（三）获得产品知识的渠道

有哪些渠道可以获得产品知识呢？

1. 通过阅读获得信息

通过阅读产品说明书、设计图、公司内部资料、企业制作的产品宣传资料、新闻媒体刊载的资料、产品包装上印制的说明、专业网站的相关产品介绍等，销售员可以掌握产品的基本知识，像产品用途、外观、技术、保存方法等。

2. 通过相关人员的介绍获得信息

（1）通过上司、同事的介绍，可以了解产品知识和产品的诉求重点等。

（2）通过生产制造部门人员的介绍，可以了解产品的生产流程、加工工艺、制造方法等。

（3）通过营销广告部门人员的介绍，可以了解产品的品牌战略、销售政策、促销策略等。

（4）通过技术服务部门人员的介绍，可以了解产品的技术构成、售后技术指导与培训等。

（5）通过研究开发部门人员的介绍，可以了解产品的专利、研究过程、技术特征等。

（6）通过竞争者和客户的介绍，可以了解产品的市场地位、竞争状况、客户的使用情况等。

3. 通过销售员自己的实践积累

（1）自己亲身销售过程中的心得。

（2）客户的意见。

（3）客户的需求。

（4）客户的抱怨。

4. 通过参加产品说明会获得信息

参加产品说明会也是了解产品的一个途径，直销企业经常运用这种方式介绍产品。

5. 不断总结归纳

销售员在掌握产品知识的过程中，还要不断总结归纳，达到能够用简练的语言陈述出产品的特点、特性以及与众不同之处的目的。如果有实物，最好和实物结合进行现场演练、展示，让客户真实地感受到产品的特点。

第二步　相信产品

销售员在销售产品时不仅要对自己有信心，而且还要对自己的产品也要有足够的自信。因为销售实际是一个信心传递的过程，只有你对自己所销售的产品表现出足够的信心，客户才会相信你销售的产品。毫无疑问，详细地了解产品是销售员增强信心的基础。同时，将手上的产品资料加以整理和准备也是增强信心的有效途径之一。

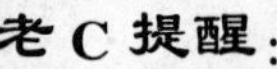

老C提醒：

准备资料的秘诀在于让公司的死资料经过自己的加工整理，成为活生生的资料。只有活泼、新鲜、充满热情的资料才能感动客户。比如，在分发给客户的宣传资料上花点心思，利用自己的智慧，手工制作出宣传品，自己对自己的劳动成果珍惜备至，客户也会受这种情绪的感染并感动你付出的心血，从而愿意挤出时间来让你展示资料，倾听你的介绍。

第三步　分析对手

“知己知彼，百战不殆”，销售员要随时关注竞争对手的动态，分析竞争对手的情况，做到有备无患，在竞争中取胜。了解竞争对手的过程也是销售员再次认识自己企业的过程。

为了了解竞争对手，销售员可从表1－3所示的几个方面入手进行相关信息的收集，并将这些信息进行分析整理，找出自己企业产品的优势所在。同时，销售员应给每一家同类公司建立档案，并进行比较和追踪，进而制定符合市场需要的销售策略。

表1－3　竞争对手分析表

竞争对手名称		联系方式	
		公司网站	
项目＼内容	具体内容	了解途径	自己公司优势与不足
产品策略	技术含量、质量、主要性能、所使用的原材料、更新换代周期、工艺水平、主要卖点等	（1）直接或间接询问当地经销商 （2）询问有关维修人员、促销员等 （3）直接进行“公众调研” （4）通过媒体报道了解	
服务策略	服务政策、服务承诺、服务质量（服务兑现情况）	（1）找售后服务人员了解 （2）找促销员了解 （3）收集媒体报道，如上网查询等	
价格策略	竞争对手的总体价格水平，各个细分产品的不同价格标准、价格定位、价格调整频率与力度，进货价、零售价与结算价、返利之间的相互关系等	（1）各销售员最好有计划地记录对手一定时期内的所有产品价格 （2）实地考察，并要求促销员时刻关注对手的价格动态 （3）直接找商家询问	

续表

竞争对手名称		联系方式		
		公司网站		
内容 项目	具体内容	了解途径		自己公司优势与不足
促销策略	(1) 促销的频率及力度 (2) 促销的形式及内容 (3) 促销成效及对品牌提升的好处 (4) 促销对企业员工、商家信心的提高	(1) 本企业销售员之间沟通 (2) 商家 (3) 促销员 (4) 当地公众 (5) 各种媒体的宣传		
品牌传播	(1) 在当地的广告宣传投入情况 (2) 终端卖场的产品陈列、展示 (3) 在当地的曝光率及百姓心中的品牌形象	(1) 经销商 (2) 本企业的一线销售员 (3) 终端促销员 (4) 亲临市场勘察		
渠道策略	(1) 渠道政策：自建营销网络、直销、建专卖店、电话营销等 (2) 渠道政策调整的频率和力度 (3) 新建渠道、维护渠道的举措	(1) 与本企业销售员多沟通，多了解 (2) 多与商家沟通 (3) 通过上网，搜索有关竞争对手的渠道信息		
人力资源	(1) 对员工培训、教育是否到位 (2) 厂家与商家关系是否融洽 (3) 各种规章制度是否完善，特别是销售制度、策略 (4) 员工工作是否信心满怀、热情高涨	(1) 实地考察对方促销员的能力等 (2) 从经销商口中了解相关信息 (3) 借助其他途径了解，如与同行交流、媒体资料的收集等		

以下是一名销售办公用品的销售员，为了增加自己成功销售的砝码，通过对竞争对手产品情况进行调查分析后，制定了一份竞争产品对比分析表，销售员可参考借鉴。

双方具体的产品资料如下：

己方产品：来自知名供应商，有固定配套的系列产品，确保质量；免费保修；每月给客户免费发放 DM，即产品手册，方便客户选择产品；每月给客户免费提供采购清单，方便客户清楚地了解购买记录，杜绝浪费。

对手产品：根据订单来寻找货源，客户需要什么就去寻找什么；产品价格比己方低 3%。

这位销售员设计的竞争对手产品分析如表 1 -4 所示。

表 1－4　竞争对比分析表

竞争对手名称		联系方式 公司网站	
己方产品特点	竞争对手产品特点	己方能给客户带来的特殊利益	
与知名供应商有长期、稳定的合作关系	根据订单寻找货源，客户要什么才去找什么	固定配套的系列产品，确保质量，耗材及时供应	
产品价格比竞争对手高 3%	价格低于本公司	可以保证每件产品货真价实，让客户觉得自己是高档商品用户	
每月给客户免费发放 DM，即产品手册	无此项服务	方便客户选择产品	
每月给客户免费提供采购清单	无此项服务	方便客户清楚了解购买记录，杜绝浪费	
免费保修	无此项服务	为客户解决后顾之忧	

第四步　销售样品

在对产品充分了解之后，接下来就要去面对销售对象了。有经验的销售员一定不会就此匆匆去寻找和约见客户，因为还有最后的准备没有做好。

比如，经常可以看见新进销售员刚出门就被碰得头破血流，其中原因不在于其销售对象没有选对，也不是其能力不具备，更不是自己对产品的性能和特点记得不熟，而是最后环节的准备工作做得不够。因为他们常常对产品的“卖点”能倒背如流，但当客户要做出购买决定时，他们却拿不出最有力的证据给客户看，从而与订单擦肩而过。

那么，如何才能在最后关头抓住客户呢？最有力的销售莫过于在现场给客户演示整个产品的结构、性能、质量和使用方法。在销售员卖力的演示过程中，客户会随着销售员的介绍进入到想象中的产品使用环境，从而产生对产品的种种联想。那么，销售员在准备样品时应该注意哪些问题呢？

（1）样品一定要色泽如新，整洁美观。

（2）样品一定要标识清晰、完整。

（3）样品一定要功能齐全。

（4）样品一定要性能稳定。

三、实操演练

1. 实操目的

本次实操演练以检测销售员对产品知识的了解程度。

2. 实操过程

对于销售员而言，对所售产品的了解程度，体现着销售员的专业水准。它是拿下客户的最有效武器。

（1）销售员准备好纸、笔。

（2）制作一张简单的产品知识检测表，见表 1－5，以便在拜访客户前温习一下。

表 1－5　产品知识检测表

1. 产品类别：________
2. 产品的整体特征：________
3. 产品是如何制造的：________
4. 产品的制造/工作原理：________
5. 产品的主要用途：________
6. 产品的标准和功能：________
7. 产品所带来的好处：________
8. 市场上客户对产品的需求度：________
9. 产品的主要竞争对手：________
10. 市场同类产品的竞争优势：________

3. 模拟时间

1 个课时。

4. 效果要求

学员最终能灵活运用产品知识以促成销售。

工作任务三　制定工作计划

老 C：到目前为止，你的售前准备工作也做得差不多了。接下来就应为具体的销售工作制定一份详细的计划了。

小 C：你之前不是说销售就是艺术吗，还用做计划啊？

老 C：那肯定得做。销售计划制定是销售行为决策的首要目标。不要以为这样很浪费时间，正是因为有了完善的计划与准备，才得最终获得成功。

小 C：做一份销售工作计划难吗？它里面涵盖哪些内容，该如何制定呢？

老 C：别着急，销售工作计划一点也不难，只要你用心做，很快就可以掌握其精髓的。销售工作计划可分为日工作计划、周工作计划及长期计划等。不同的计划在制定时又有不同要求。在制定时，一定要分清。

一、基础知识

作为销售员，必须懂得如何制定销售计划。因为销售计划是实现销售目标的具体实施方案，销售计划制定得合理与否，关系到企业销售业务的活动进程和实际效果。以下就是销售员在编制销售工作计划时应遵循的原则。

（一）设定的销售目标一定要合理

在一次百万圆桌年会上，有一位年轻的推销员请教费德文："费德文先生，你是怎样成为历史上最伟大的推销员的？"

"因为我会给自己订下远大的目标，并且有个切实可行的实施方案。"

"是什么方案呢？"

"我会将年度的计划细分，细分到每周和每天的计划。比如说今年订的目标是 1200 万美元，我会把它分成 12 等份，每个月 100 万美元，还是太大了吧！用星期来分，100 万美元除以 4，这下子你不用做 100 万美元的业绩了，你只要做 25 万美元就行了。"

"25 万美元还是太大，怎么办？"

"是的，我知道你还会担心，有多少人需要 25 万美元？有多少人会愿意听你的话？今天下午你上哪儿做成这 25 万美元的保单？我讲得对吗？因此我会把它再细分下去，把它分成 7

等份，分出来的数，是不会吓着的，一个星期3件保单。目标要订得够大，才足以令你兴奋，接着把它分成一小块一小块的，这样它才会可行。”

（二）设定的目标计划一定要具体可行

销售员要把目标细分，细分到每周、每天都做哪些事。目标高并不是问题，只要有健全的计划，你的目标就会变成“现实”。换句话说，你的目标必须安排在行动的计划里，譬如，你决定今年的销售目标是180万元，那么，平均每个月的销售应该达到15万元。

那么，为了达到这个业绩，销售员应该采取怎么样的行动呢？

根据自己以往的业绩，平均一家的销售额是5000元；如果要达到目标的话，就必须销售30家。再调查过去的资料，销售员拜访5家才有1家成功的几率，这样一来，销售员每个月必须拜访150家客户，平均每周近30家，每天5家。但是，为了获得5家商谈的机会，应该把被拒绝的几率也计算进去，因此，销售员每天必须拜访至少10家的客户，这便成为销售员每天行动的目标。

二、实操过程

第一步　确定工作目标

某商业街上有三个设计师。有一天，他们聚在一起谈论自己的目标，看看谁最优秀。一个说，我要成为全国最好的设计师；另一个说，我要成为本市最好的设计师；第三位说，我要成为今年这条街上最好的设计师。

很显然，要想成为本城市乃至全国最好的设计师，首先必须成为这条街上最好的；第三个人的目标更具体、明确、可行，其他两位的目标只能称为愿望，不能成为自己行为的导向。那么，销售员应该如何制定切实可行的目标呢？

（一）确定工作目标原则

目标是前进的向导。销售员应遵循怎样的原则才能制定出切实可行的量化目标呢？从以下8个角度回答完8个问题，销售员的工作目标也就明晰了。如表1-6所示。

表1-6　制定目标原则

项目	定义	要求	实例
What	要达成什么目标	明确、数量化	每天散步一次，每次30分钟
When	什么时候达成目标	有时间限制	每天散步一次，每次30分钟，半年后争取血压达到正常值

续表

项目	定义	要求	实例
Where	达成目标要利用的各个场所地点	需要场地	每天到公园散步一次，每次 30 分钟
Who	促成目标实现的有关人物	帮忙的对象	小 P 每天督促父亲到公园散步一次，每次 30 分钟
Why	为什么要这样做	理由正确、充分	为了让父亲拥有一个健康的身体，所以每天小 P 督促父亲散步一次，每次 30 分钟
Which	多种方案	有弹性	小 P 督促父亲每天锻炼身体，散步、爬山或去打太极拳，每次 30 分钟
How	选择什么方法进行，如何去做	有效、高效	小 P 督促父亲每天坚持锻炼身体，并购买一些关于老年人养生、运动方面的书籍供老人学习，便于老人采用正确的方法健身
How much	花多少费用、时间	有预算准备	小 P 花 200 元人民币购买了一些关于老人养生、运动方面的书籍供父亲学习，争取用半年的时间让父亲身体各项指标达到正常水平

（二）有效目标的特性

目标是否有效，需要通过以下几点来确定。

1. 具体

只有具体的目标才有可能实现。比如，“明年我将赚更多的钱”，只是一个决心和想法，而不是一个明确的目标。因为“更多的钱”不是一个具体的数字，只是一个模糊的概念，不明确。“明年我要比今年多赚 5 万元”就是一个很具体的目标了。为了实现这个目标，就可以把 5 万元分解到 12 个月，进而分解到每周和每天去实现。

2. 可行

目标应可执行。比如“本季度末我要赚到 100 万元”虽是一个非常具体的目标，但是，对于一个销售新手来说几乎是无法完成的任务。即使能实现也具有偶然和幸运的成分。所以要依据自己的实际情况制定可行的目标，不要脱离实际去制定目标。

3.“跳起来”能够实现

可行并不意味着可以降低目标，制定目标时应朝着自己的能力极限，让自己“跳起来”才能实现。目标过低，不利于自己充分发挥能力；目标过高，容易挫伤自己的自信心。过高和过低的目标都不利于自己，所以，“跳起来摘苹果”是目标尺度的最好标准。

4. 可以衡量

目标实现的衡量标准多种多样，就看制定目标时怎么定位。请看表 1－7 给出的实例分析。

表 1-7 目标定位与衡量

定位	衡量标准	示例	结果或影响
赚钱	工资奖金额	半年后周薪想达到 3000 元	实践后工资达到目标
投入	潜在客户数等	我每天要至少打出 60 个电话，每天找到 3 家潜在客户	客户增加，收入更多
提升	掌握技能	我要在一个月内学会驾驶	可以开车

通过上表可以看到，若把目标定位为“赚钱”，那么目标实现的衡量标准就是“工资奖金额”达到的额度。对于销售员来说，工作的着眼点应放在寻找潜在客户上，工作目标定位应该是投入，是每天、每周必须实现的寻找潜在客户的数量。同时销售员还要清楚：产出是投入之后的必然结果，只要把自己的工作做好，钱财自然会随后而至，而且会源源涌入。

（三）确定实现目标的步骤

确定目标之后，销售员可以将这个目标进行分解，即把自己的目标分成若干个阶段的小目标，逐步向理想目标靠近。

1. 目标的实现

销售员可以将目标分成三个阶段来实现，即长期目标、中期目标和短期目标。

2. 每个阶段目标的主要内容

表 1-8 为销售员的阶段性目标提供了范例。

表 1-8 阶段目标内容

目标	内容	实例	注意事项
长期目标	明确可行的长远目标	五年后年薪可达到 30 万元	具体、明确、可行、超越、可衡量
中期目标	将长期目标分成两段	两年后年薪达到 18 万元	根据实际情况调整
短期目标	近期要达到的目标	本季度末月薪要达到 5000 元	立即行动：制定计划、行动

3. 制定注意事项

制定阶段目标时应注意以下事项：

（1）不管自己的目标如何，一定要具体、可行。

（2）长期目标分解后的中期目标要根据实际情况进行调整，逐步实现。

（3）短期目标设定时不要超过 90 天，而且要立即行动，不要在意识中否定它，要满怀信心、坚定不移地去执行。

第二步 制定工作计划

在实际的销售过程中，工作内容较多且事情繁杂，如果没有计划，时间长了，工作起来就会没有头绪。

小季是勤奋的销售员，每天都忙忙碌碌，但销售业绩就是上不去。表1－9是他一天的工作记录。

表1－9 工作记录

时间	工作内容
8：40	刚一上班销售经理就让小季将近期的工作情况整理成文，工作报告第二天上班交上去
8：50～9：30	吃喝早餐完毕，泡泡茶
9：30～9：45	刚打算坐下来写工作报告，一客户打电话询问产品性能、报价、邮寄方式等相关事宜
9：50～12：30	另一客户打来电话，问他何时能到，小季这才想起和一客户约好今天见面，赶紧收拾文件跑出办公室
12：30～13：00	回到办公室吃完午饭，看了会报纸，突然想起报告还未完成，赶紧打开电脑，刚写到一半，同事请其帮忙发一传真，他照办
14：00～15：00	突然想起今天应该给一客户发货，于是赶紧协调相关部门，办理发货手续
15：10～17：00	打开客户名册，随便翻了一页打电话，共打8个电话，结果3个客户不在，3个遭到秘书拦截，1位客户让他改天再打，还有1客户在电话中抱怨小季服务不好……
17：00	又到了下班时间，报告还没有写完，得加班，可一想到今天该去一客户那里收货款。那报告又只能拖到明天再写了

由上表可以看出小季一天的工作情况，尽管他忙得焦头烂额，但仍未完成既定任务，没有什么效率。所以，销售员在做好了计划之后，还要想想如何去实现计划。

老C提醒：

销售员应把要做的事情列个详细的清单，分出轻重缓急。每天都做什么、打多少电话、每周要拜访多少家客户这些常规工作，要有条不紊地按照自己的计划行事，不要被日常的琐事所打断和干扰。

为了更好地完成任务，销售员可以把计划分成每日工作计划、每周工作计划和长期工作计划。

（一）制定日工作计划

工作计划具体到日，销售员每天都有明确的工作内容，日清日结，工作起来就会效率倍增。制定日工作计划时要考虑以下4个方面的内容。

（1）计划简单明了，重点突出。最好给自己制作一个工作计划表，设计好内容，把一天的工作安排依照重要程度写在表格内，并随身携带，以备自检。

（2）每天早上给自己15分钟时间，整理一下今天准备要做什么，理清后记下，或者在晚上临睡前想好明天要做的事，按重要程度理好顺序填写在日计划表内。

（3）今日事今日毕，在一个工作日后，应对照所制定的每日工作计划，看看自己的完成情况，找出未完成的原因，总结成功的经验，然后安排第二天的工作。

（4）制定日工作计划应形成习惯，不要怕麻烦，让自己的工作条理清晰。

表1－10是一份日工作计划表，销售员可作为范例参考。

表 1－10　日工作计划表

姓名：　　　　　　　　　　　　　　　　　　　　　　　时间：

内容 时间	电话沟通	拜访客户	回访客户	收款	其他
早晨					（1）制定计划 （2）着装检查 （3）自我激励
上午	重点沟通客户 A、B、C	重点拜访客户 C 和 D			
中午					（1）休息 （2）学习和私事
下午		重点拜访客户 E 和 F	重点回访客户 G	去客户 H 处收款	
晚上					（1）工作总结 （2）经验交流 （3）放松身心

（二）制定周工作计划

周工作计划是指销售员一周内的短期工作安排。通过周工作计划，销售员可以检验自己一周的实际工作绩效，检验自己一周到底做了哪些工作，完成情况如何，什么原因导致目标没有完成以及目标超额完成的成功经验有哪些等。通过自检，找出自己的不足之处，然后有方向性地进行改正，并寻求帮助。

表 1－11 是一份周工作计划方案，供销售员参考借鉴。

表 1－11　周工作计划表

时间 工作内容	周一	周二	周三	周四	周五	周六	周日
电话访问客户数							
陌生拜访客户数							
拜访客户数							
回访客户数							
发掘新客户数							
回款额度							
本周签单数							
备注							

（三）制定长期工作计划

长期工作计划可分为每月计划、季度计划和年计划，它可以促使销售员逐月向更高的目标发起冲锋，也可以避免因为短期的种种打击或挫折而被击倒，甚至失去自信。在制定长期工作计划时也要考虑以下 4 个方面的内容。

（1）长期工作计划一定要切实可行，切忌“高、大、空”，那样毫无实际意义。

（2）长期工作计划要成为每日、每周工作计划的可行依据，彼此照应，互相吻合。

（3）制定长期工作计划时必须“从实际出发，以此为前进的动力，贯彻到底”，不能朝令夕改。

（4）制定长期工作计划时一定要注意协调细节。因为长期工作计划周期长，中间会有很多不可预料的事情或者必须解决的大事要做，这样，可能会影响到整个计划的进行，所以销售员要根据具体情况的变化和实际工作的需要来调整计划和细节。

表1－12是一份月业务计划设计范本，供销售员参考。

表1－12 月工作计划表

姓名： 时间：

时段 工作内容	上旬	中旬	下旬	备注
寻找潜在客户数				
拜访客户数				
签约客户数				
签约总额				
应收款客户数				

三、实操演练

1. 实操目的

本次实操演练以提高销售员的工作计划制定能力为例。

2. 实操过程

（1）根据自己的实际情况制定出工作计划。

（2）两人一组，互相给对方的工作计划评分，列示出优缺点。

（3）对不足之处提出改善建议。

3. 模拟时间

1个课时。

4. 角色扮演

4～8人参加，每2人一组。

5. 效果要求

学员相互评论对方所制定的工作计划，并指出其中的优劣，对不足提出改善建议，以制定出专业的工作计划。

习 题 一

一、单项选择题

1. 人的需求是有层次的，不断地由（ ）满足最基本的生活需求，而后才是满足社会和精神的需求。

A. 高级向低级 B. 初级向高级 C. 低级向高级 D. 以上说法均不对

2. 人的需求具有目标性、层次性、紧张性、（ ）及发展性等几方面的特性，销售员必须有所了解。

A. 明确性 B. 驱动性 C. 规律性 D. 需求性

3.（ ）就是消费者对销售的产品表现出不喜欢、不满意等否定情绪，在行动上加以回避、不愿意接受的情况。

A. 潜在需求 B. 负需求 C. 无需求 D. 下降需求 E. 上升需求

4. 利用各种手段和策略，创造出（ ），是对客户需求实施管理的最高境界。

A. 客户需求 B. 产品价值 C. 市场份额 D. 销售策略

5. 作为销售人员，在分析竞争对手时，可从产品、服务、价格、促销、品牌、（ ）及人力资源等层面着手进行。

A. 素质 B. 渠道 C. 目标受众 D. 管理方式

6. 网络中的信息具有丰富性、（ ）和多变性等特征，利用网络寻找客户，没有特定的方法，销售人员需要灵活利用有限的信息来源，找到丰富、准确的信息。

A. 复杂性 B. 交叉性 C. 有限性 D. 虚假性

二、多项选择题

1. 客户的需求特征归纳起来有发展性、（ ）及可变性、可诱导性。

A. 多元性 B. 伸缩性 C. 周期性 D 有限性

2. 企业的销售策略包括两个方面（ ）。

A. 销售政策 B. 产品渠道 C. 生产周期 D. 销售支持

3. 销售人员获得产品知识的渠道有（ ）、参加产品说明会获得信息及不断总结归纳。

A. 阅读获得信息 B. 相关人员的介绍获得信息

C. 销售员自己的实践积累 D. 前面说法均不对

4. 销售人员在制定阶段目标时应注意的事项有（ ）。

（1）不管自己的目标如何，一定要具体、可行。

（2）把长期目标分解后的中期目标要根据实际情况进行调整，逐步实现。

（3）短期目标设定时不要超过 50 天，而且要立即行动，不要在意识中否定它，要信心满怀、坚定不移地去执行。

A.（1）　　B.（2）　　C.（3）　　D. 以上说法均不对

5. 对于销售人员制定长期的销售计划而言，以下说法正确的是（　　）。

（1）长期工作计划只要制定好就可以了。

（2）长期工作计划要成为每日、每周工作计划的可行依据，彼此照应，互相吻合。

（3）制定长期工作计划时应根据实际情况及时调整。

（4）制定长期工作计划时一定要注意协调细节。

A.（1）　　B.（2）　　C.（3）　　D.（4）

三、是非判断题

1. 层次性是个体在生活中感到某种欠缺而形成的某种心理状态。当某种需求产生后，便形成一种紧张感。（　　）

2. 人的需求随着社会生产力的发展和物质文化生活水平的提高而变化发展。它不仅体现在为断提高的需求的标准上，而且还体现在日益复杂多样化的生活追求上。（　　）

3. 随着社会生产力水平的提高、经济的发展以及收入水平的提高，消费者的需求呈现出由低级到高级、从复杂到简单的变化过程。（　　）

4. 外界因素影响到消费者心理，其心理变化会导致购买行为发生变化。（　　）

5. 产品的外围知识主要包括竞争产品的情况、市场行情的变动状况、市场的交易习惯、客户的关心点等，但不包括法律法规的规定事项。（　　）

6. 有效、切实的诉求是通过对产品诉求重点的把握，销售员可以把产品的特性转化为客户的需求，并加以整理、分析以及同类产品的比较、相应客户信息的把握。（　　）

7. 在利用 B2B 网站寻找客户时，销售人员不管自己是否是该网站的会员均可进行。（　　）

四、简答题

1. 对销售员而言，产品知识所涵盖的范围是非常广泛的，它是指销售一件产品所需要知道的各种知识。销售员应了解的产品有关知识有哪些？

2. 对于销售人员而言，制定长期的销售计划可促使自己逐月向更高的目标发起冲锋，也可以避免因为短期的种种打击或挫折而被击倒，甚至失去自信。那么，销售人员在制定长期工作计划时需要考虑哪些方面的内容？

五、实操及案例分析

1. 了解竞争对手的过程是销售员再次认识自己企业的过程。为了了解竞争对手，销售员可进行关于竞争对手相关信息的收集，并将这些信息进行分析整理，找出自己企业产品的优势所在。请试制作一份“竞争对手分析表”。

2. 作为销售人员，为了让自己的工作更有效率，首先就得明确手中的工作内容，并做到日清日结。要想达到这样的效果，最好的办法就是拟订一份日工作计划表请试制作一份“日工作计划表”。

参考答案

一、单项选择题

1. C　2. B　3. A　4. B　5. B

二、多项选择题

1. ABC　2. AD　3. ABC　4. ABC　5. BD

三、是非判断题

1. √　2. ×　3. √　4. ×　5. ×　6. ×　7. ×

四、简答题

1. 简答：销售人员应了解的产品知识有：

（1）产品的基础知识。比如，产品的“硬件”部分、产品的软件部分、产品的使用知识及产品的交易条件等知识。

（2）产品的外围知识。产品的外围知识主要包括竞争产品的情况、市场行情的变动状况、市场的交易习惯、客户的关心点、法律法规的规定事项等。

（3）产品的诉求重点。销售员若想有效地说服客户，除了要充分掌握产品知识外，还要明确把握产品的诉求重点，即产品的市场定位、特有性能、满足客户的需求点和能给客户带来的利益点等。有效、切实的诉求重点依赖于销售员平时对产品各项信息的搜集、整理、分析以及同类产品的比较、相应客户信息的把握。

2. 简答：销售人员在制定长期工作计划时需要考虑以下 4 个方面的内容。

（1）长期工作计划一定要切实可行，切忌“高、大、空”，那样毫无实际意义。

（2）长期工作计划要成为每日、每周工作计划的可行依据，彼此照应，互相吻合。

（3）制定长期工作计划时必须“从实际出发，以此为前进的动力，贯彻到底”，不能朝令夕改。

（4）制定长期工作计划时一定要注意协调细节。因为长期工作计划周期长，中间会有很多不可预料的事情或者必须解决的大事要做，这样，可能会影响到整个计划的进行，所以销售员要根据具体情况的变化和实际工作的需要来调整计划，调整细节。

五、实操及案例分析

1. 参见本岗位职责之“工作任务二”的相关内容。

2. 参见本岗位职责之“工作任务三”的相关内容。

岗位职责二
圈定目标客户

■ **基础技能要点**

1. 寻找潜在客户条件
2. 客户档案的重要性
3. 客户预约的意义

■ **核心技能要点**

1. 识别潜在客户
2. 有效利用渠道
3. 确定潜在范围
4. 建立客户档案
5. 做好客户预约各项准备

工作任务一　寻找潜在客户

老C：前面我们已经知道作为销售员在做好了销售准备后，接下来就是客户的开发问题了。对销售员而言，要想使自己的销售有业绩或令其日渐增长，就必须得不断开发新的客户。

小C：但是新的客户从哪里来啊？他们又不会主动上门，更不会在脑门上标注。

老C：这是当然，所以就得靠自己想办法主动去寻找。

小C：可怎么寻找呢，你能给我具体讲讲吗？

老C：没问题。作为销售员，在寻找客户时，首先要识别潜在客户的特点，比如，是否有潜在的购买需求、是否有支付能力、是否有决策权力等；其次就是有效利用渠道；最后才是找到潜在客户并收集其相应信息。

一、基础知识

所谓潜在客户就是指既能因购买某种产品或服务而受益，同时又具有购买这种商品的货币支付能力的个人或组织。潜在客户是某种产品或服务的潜在购买者，是某种产品或服务的市场，通常也称可能买主。

销售员要想找到更多的客户，不仅要学习必要的方法，还要加强自我培养，特别是新入行的销售员。只有勤奋并且善于发现的销售员才能找到更多的客户，做出更多的成绩。

（一）勤奋才有客户

“勤能补拙是良训，一分辛苦一分才”。有的销售员总是抱怨自己找不到客户，其实，客户就在你能找到的地方，要看你找得是不是够勤奋。

小江在销售培训的时候，就听说过原一平的故事。这位平凡的销售员凭借自己的勤奋成为日本最出色的销售员。

小江也立志做一名勤奋的销售员，他每天都试图拜访更多的客户。每天一大早，他从街区小公园穿过时，总是遇到一帮晨练的老人，久而久之，小江跟他们熟悉起来，见面打个招呼问个好。

有一次，一位老先生跟小江闲聊，得知他是销售健身器材的。于是就拉住小江了解一些保健及该产品的相关知识，小江对老人的询问知无不言。最后，老人高兴地离开了。第二天一大早，小江又像往常一样去上班，发现昨天的老人已等在那里，一见小江就说要订两台健身器材，而且定金都带来了。

作为销售员，如何才能让自己勤奋起来呢?

秘诀一："早"，早10分钟起床，早10分钟到公司，早10分钟去见客户。

秘诀二："多"，每天尽可能多地拜访客户，每天比别人多拜访一个，一年就可能比自己的同事多几百个客户。

秘诀三："全"，不仅要发挥腿的优势，还要发挥嘴的广告优势，让周围的人有更多的机会了解自己的工作。

（二）慧眼识商机

好的销售员不仅要勤奋，还要练就一双慧眼，能够抓住事物的本质，因为有时候，一点小发现，就可能牵出一个客户群。

销售员可通过以下的方法培养慧眼：

方法一：关注时事动态，了解社会新闻，养成每天看报纸的好习惯。

方法二：多浏览本行业相关的论坛、网页，收集业内最新信息。

方法三：积极积累知识和技能，知识经验越丰富、越熟练，对事物的敏感性也越强。

二、实操过程

第一步　识别潜在客户

（一）谁是潜在客户

潜在客户就是指有购买某种产品与服务的需要，而且能够做出决定、有购买能力的客户和企业。

（二）潜在客户特点

潜在客户的特点可通过表2－1详细列出。

表 2－1　潜在客户的特点

<table>
<tr><th>类别
特点</th><th colspan="2">潜在客户</th></tr>
<tr><td>具有潜在需求</td><td colspan="2">（1）正在使用的产品已经陈旧，有更新换代的可能
（2）正在用同类产品，可替换
（3）公司欲扩大经营范围
（4）从没有使用过此类产品
（5）还没有经营过此种产品</td></tr>
<tr><td>有购买能力</td><td colspan="2">（1）有足够财力支付
（2）信用状况良好</td></tr>
<tr><td rowspan="2">有购买决策权</td><td>权力者</td><td>关键人物</td></tr>
<tr><td>（1）拥有审批权的人
（2）拍板的人
（3）主要负责人</td><td>守门人：即控制信息的人，如秘书及向领导汇报工作的人
决策者：只在购买方案上签字的人，业务成败的关键不是他
影响者：对决策者起重要影响作用的人，采购经理、后勤部门主管、非客户单位员工
执行者：具体操作业务的人
使用者：产品的使用者</td></tr>
</table>

第二步　找到潜在客户

（一）客户开发的方式

如何找到潜在客户并开展业务呢？表 2－2 介绍了两种客户开发的方式，销售员可以根据不同的客户情况进行不同的选择。

表 2－2　客户开发的方式

方法 项目	资料分析	一般方式
定义	通过分析各种资料来获得潜在客户	大家通用的一般的方式
内容	（1）统计资料：相关部门、行业团体、期刊上发布的统计调查报告 （2）名录类资料：客户名录、同学名录、会员名录、协会名录、名人录、电话黄页、公司年鉴、企业年鉴等 （3）报章类资料：报纸（广告、产业或金融方面的消息、零售消息等）；专业性报纸和杂志（行业动向、同行活动情形等）	（1）主动访问 （2）别人的介绍（客户、亲戚、朋友、校友等） （3）参加各种团体（社交团体、俱乐部等） （4）邮寄宣传品 （5）利用各种展览会和展示会 （6）家庭 （7）经常去风景区、娱乐场所等人口密集的地方走动

（二）客户开发要领

1. 随时随地记录

（1）对于资料类期刊、名录、报纸、杂志等，销售员要经常翻阅，阅读时要准备一个笔记本，随时用笔勾画出发现的所有机会和对自己有价值的内容，并及时记录下来。广播、电视等视听媒体也会有关于潜在客户的宣传或者广告，销售员也要随时做好记录。

（2）充分利用网络媒体。如今网络发达，信息更新快，利用搜索引擎，如百度、Google、雅虎搜索等，输入关键字，马上就会有成千上万的搜索结果映入眼帘，销售员可以通过自己的分析，筛选出对自己有用的信息。

（3）查看企业客户名单，记录相关信息，寻找合作机会。

2. 随时随地结识

（1）从自己认识的人中发掘。

自己的家人、亲戚、朋友、老师、同学、同事等都是自己的客户群。销售员平时可以通过不断地和他们沟通以及拜访来推销自己的产品，或者让他们转介绍他们的朋友，从而扩大自己的客户群。

（2）运用商业联系。

销售员要善于抓住每个机会与外界建立商业联系，以此来发掘自己的潜在客户。主要可以通过以下 5 种方式来抓住销售机会：

①借助私人交往，更快地进行商业联系。

②积极与协会、俱乐部等行业组织建立联系，因为这些组织背后是庞大的潜在客户群体。

③利用各种研讨会建立商业联系。

④利用各种课程辅导班建立商业联系。

⑤参加各种各样的聚会建立商业联系。

（3）结识其他销售员。

销售员在工作过程中总会遇到许多训练有素的同行。主动和这些业务精英相识，和他们成为朋友，建立良好的关系，销售员不但能够从中收获经验，而且还能多一个得力的商业伙伴。经常和这些人沟通，有时对方会转介绍潜在的客户给你，有时自己也会在和他们的沟通中发现潜在客户。

3. 从产品的更新换代中发现客户

销售员充分利用产品的生命周期，提早规划，从产品的更新换代中发现潜在客户。

（1）了解产品的使用寿命，分析客户再次购买的时间。

（2）查看公司以前的销售资料，从中发现需要更新换代产品的老客户。

（3）圈定目标潜在客户，找机会在恰当的时间接触客户公司的采购人员或相关负责人，建立联系。这样会让你拥有一批潜在客户，也许不久的将来，你会有不小的收获。

第三步　确定潜在客户

销售员要充分挖掘并确定潜在客户，除了自身努力外，还要掌握一定的步骤及方法。

（一）客户寻找步骤

首先，确定大的客户范围，然后再从这个范围中找准客户。

表2－3是某开发小语种电子词典公司销售员在寻找潜在客户时的计划。

表2－3　潜在客户寻找计划

主要产品类别	DC-3210V德语电子词典、REC-3520V俄语电子词典、JC-3210V日语电子词典、FC-3001法语电子词典
分析	小语种是大学课程才能接触到的知识，目标客户自然应锁定在本笑　有大学语言类学生

其次，确定销售对象是哪一类，然后从这一类客户中找出具体销售对象，即可能购买的准客户。

例如：语言类学生电子词典的主要有两类：第一类是大一新生，刚刚迈入大学校门踌躇满志，积极进行学习投资。第二类是大三大四学生准备考研，为了提高学习效率，必须进行学习投资。

（二）客户寻找方法

寻找客户有法可依，这些方法都是在销售工作中屡试不爽的方法。针对销售新手，可尝试以下方法。

1. 地毯法

地毯法要求销售员在特定的区域或行业内，直接上门探访。这种方法虽然古老，但比较可靠。它可以使销售员在寻访客户的同时了解市场、了解客户、了解社会，该方法比较适合广告、保险业及化妆品业的销售员使用。同时，该方法要求销售员必须勤快。

在美国旧金山有一位保险销售，他在进行推销时，专门挑选其他销售员所不愿去的、门前有50～100级台阶的住户进行推销，因为这些住家很少有人前来推销，所以，他每次去访问都很受欢迎，获得了很多客户。

老C提醒：

使用此法前，销售员要根据自己的产品特性与受众范围进行研究，确定拜访行业与区域，避免浪费时间、精力。另外还应提前设计几种谈话方案，尤其是斟酌好第一句话应该怎么开口，以免被拒之门外出现尴尬。

2. 连锁介绍法

连锁介绍法是通过老客户介绍来寻找有可能购买产品的其他客户的一种方法，具体如图2－1所示。

连锁介绍的具体操作如下：

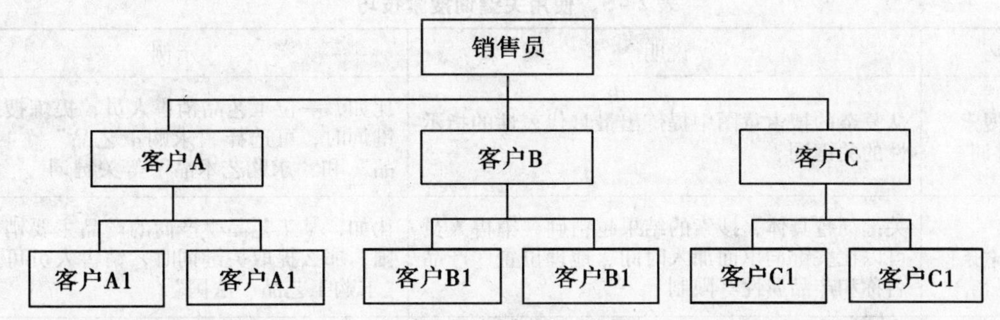

图 2－1　连锁介绍法

（1）利用自己亲戚、朋友、同学关系，请他们帮忙介绍客户。

（2）每次销售洽谈时，有计划地请对方介绍两三位可能需要产品的朋友。

（3）请现有客户以电话、名片等方式进行连锁介绍。

3. 网络专业平台搜索法

随着信息通信业的发展，互联网在人们生活中的地位日益重要。销售人员可借助专业的网络平台找到优质客户。这里着重就网络寻找客户进行介绍。

（1）搜索引擎。

搜索引擎是指 Internet 上执行信息搜索的专门站点，包括 Google、Baidu 等，它们可以对主页进行分类与搜索。销售人员可通过搜索引擎，查找自己所需的资料。国内外常用搜索引擎具体如表 2－4 所示。

表 2－4　国内外常用搜索引擎

国内搜索引擎	
网址	简单说明
Google. com/Google. cn	一般的中文信息
Baidu. com	中国最大的汉语搜索引擎
Sogou. com/iask. com/Yahoo. com	一般的中文信息
国外搜索引擎	
网址	简单说明
Google. com	全球最大的英文搜索引擎
AllTheWeb. com	资料涉及非常冷僻的领域
InfoSeek. com/WebCrawlerv. com/Vivisimo. com	特殊资料
Yahoo. com/Overture. com	产品或服务

另外，销售人员要想使用搜索引擎更快、更准地找到客户信息，应掌握关键词搜索的技巧，具体如表 2－5 所示。

表 2-5 使用关键词搜索技巧

技巧	说明	示例
提炼搜索关键词	从复杂的搜索意图中提炼出最具代表性的指示性的关键词	比如，一位工艺品销售人员，提炼搜索关键词时，可选择"求购工艺品"、"工艺品"和"求购艺术品"等关键词
细化搜索条件	关键词越具体，搜索的结果越精确，销售人员可以在关键词里面加入时间、地理位置、产品名称和产品属性等限制	比如，某工艺品生产商的产品主要销往法国，那么提取关键词时，销售人员可选择"求购工艺品　法国"
用好逻辑符号	搜索引擎支持"与"、"或"、"非"等逻辑运算查询，不同的搜索引擎使用的逻辑符不完全相同，常见的有"AND"、"OR"、"NOT"以及"+"、"-"、"&"、"^"等，不同的逻辑符号搜索信息的范围、精确度是不同的	比如，以"工艺品、法国"、"工艺品 and 法国"和"工艺品 or 法国"为关键字搜索得到的结果不尽相同
强制搜索	通过添加英文双引号来搜索短语词	比如，用"求购工艺品"的搜索结果比不加双引号的更精确
延伸查询	尝试不同的关键词搜索	比如，一位从事服装销售的业务员，可以选择"服装"、"求购服装"、"求购女装"和"买女装"等作为关键词进行搜索

（2）行业网站。

每个行业都有商务网站，也称之为协会网站，里面包含了大量的企业信息。表 2-6 列示了部分行业网站，供销售人员参考。

（3）B2B 网站。

B2B 指的是商家（泛指企业）对商家的销售活动，即企业与企业之间通过互联网进行产品、服务及信息的交换。通俗的说法是指进行电子商务交易的供需双方都是商家（或企业、公司），他们使用了 Internet 的技术或各种商务网络平台，完成商务交易的过程。这些过程包括：发布供求信息，订货及确认订货，支付过程及票据的签发、传送和接收，确定配送方案并监控配送过程等。国内常用的 B2B 网站如表 2-7 所示。

表 2-6 部分行业网站

行业	网址
中国服装协会网	http://www.cnga.org.cn/
中国电子协会网	http://www.ceea.org.cn/
深圳工艺品协会网	http://www.gift2008.com/
中国化妆网	http://www.zghzp.com/
中国家用电器协会网	http://www.cheaa.org/
其他行业网站	在 Baidu.com 或 Google.com 的搜索栏中直接输入"中国某某协会网站"、"某某行业网"等关键词即可得知

表 2-7　国内 B2B 网站

网站名称	网址
阿里巴巴电子商务	http://www.alibaba.com.cn
慧聪商务网	http://www.hc360.com
掌上商务网	http://www.zs91.com
中国制造网	http://www.cn.made-in-china.com/
万国商业网	http://www.china.busytrade.com
中国企业在线	http://www.cninto.com/
商讯网	http://www.suminfo.com/suminfo/default.asp
国信贸易在线	http://www.tradeonline.gxchina.com
中韩贸易网	http://www.maoyi.com
中华工商网	http://www.chinadhamber.com.cn
GMS 企业电子商务平台	http://www.cneb.net
其他商务网站	在 Baidu.com 或 Google.com 搜索栏中直接输入“某某 B2B”、“某某商务网”或“某某商务在线”等关键词即可得知（某某代指服装、工艺品和电子等行业名称）

利用 B2B 网站寻找客户，销售人员首先需要注册成为网站的会员，会员基本上分为两种：免费会员和收费会员，销售人员可以先注册免费会员，试用一段时间之后，根据自己的实际需求决定是否升级成为收费会员。利用 B2B 寻找客户的步骤如表 2-8 所示。

表 2-8　利用 B2B 寻找客户步骤

步骤	方法
注册	打开阿里巴巴的主页（http://www.alibaba.com.cn）选择“免费注册”的按钮，进入注册页面，根据注册提示填写相关信息。注册时，“会员登录名”和“电子邮箱”的设置一定清晰、简洁，便于记忆
发布信息	免费发布供应信息。注册完成后，即可登录“阿里助手”，根据页面提示，发布免费的供应信息
修改	回到阿里巴巴的主页，使用关键词搜索自己发布的供应信息，看看是否能够快速找到，以及排名是否靠前，根据搜索情况，重新发布或者修改供应信息
主动报价	使用阿里巴巴的搜索功能和信息分类功能，查找求购信息。由于免费会员无权查看采购商的联系方式和具体采购信息（阿里巴巴提供免费会员三次报价机会），销售人员需借助其他方法查找采购商的信息： （1）升级成为收费会员 （2）利用百度和谷歌搜索

网络中的信息具有丰富性、交叉性和多变性等特征，利用网络寻找客户，没有特定的方法，销售人员需要灵活利用有限的信息来源，找到丰富、准确的信息。

（4）会展网站。

会展是卖家展示产品，买家寻找产品的最佳渠道。一般情况下，举办商会将参展企业的信息录入会展的官方网站。一些会展官方网站还公布了采购需求，比如，中国义乌国际小商品博览会的官方网站设有“最新采购订单”一栏。每一个会展都有自己的主题，即产品的范围，其影响了参展企业和采购企业的性质。掌握每一个展会的产品范围、参展企业和采购企业的特征，有助于销售人员选择适合自己的展会，找到优质的客户。国内知名会展具体如表2－9所示。

表2－9 国内知名会展

会展名称	举办地点	官方网址
中国进出口商品交易会（广交会）	广州	http://www.cantonfair.org.cn/
中国华东进出品商品交易会	上海	http://www.east-china-fair.com/
中国国际高新技术成果交易会	深圳	http://www.chtf-expo.com/
上海国际工业博览会	上海	http://www.ciif-expo.com/
国际医疗仪器设备展览会	北京	http://www.chinamed.net.cn/
中国义乌国际小商品博览会	浙江义乌	http://www.chinafairs.org/
中国昆明出口商品交易会	昆明	http://www.kmfair.org/
中国哈尔滨经济贸易洽谈会	哈尔滨	http://www.chtf.com.cn/
中国乌鲁木齐对外经济贸易洽谈会	乌鲁木齐	http://www.urnmqifair.com/
中国—东盟博览会	南宁	http://www.caexpo.org/
中国国际装备制造业博览会	沈阳	http://www.cieme.org/
中国国际电子家电博览会	青岛	http://www.sinoces.com/
中国国际机电产品博览会	武汉	http://www.cwme.com.cn/
中国会展网		http://www.expo-china.com/
电子展览网		http://www.elexcon.com/

（5）利用网络黄页。

网络黄页是纸上黄页在互联网上的延伸和发展，随着商业和信息技术的发展，一部分网络黄页具备了产品展示和信息发布的功能，这给销售人员获取更多销售机会提供了条件。国内知名的网络黄页，具体如表2－10所示。

表2－10 国内知名黄页网址

名称	网址
中国黄页	http://www.chinayp.com.cn/
全球黄页	http://www.21page.net/
中国电信黄页	http://www.yellowpage.com.cn/
北京黄页	http://www.btd.com/
新浪企业黄页	http://yp.sina.net/
广州黄页	http://www.gzyp.cn
上海黄页	http://www.telyp.cn/
深圳黄页	http://szask.cn/
江苏黄页	http://www.js-yp.com/
其他黄页	在Baidu.com或Google.com的搜索栏中直接输入“黄页”或“某某省黄页”等关键词即可得知

第四步　全面收集潜在客户的信息

小美是××品牌牛奶销售员，她在W小区进行定点宣传时发现，自己中学的语文老师就住在这个小区。就立刻给自己的老同学打电话，了解语文老师的情况。

第二天，周老师回家发现门外放着几瓶牛奶，就非常奇怪，虽然早就想订奶，但因为工作忙没顾得上。仔细一看，原来是××品牌的免费赠品，还是个家庭套餐，一种儿童钙奶，正好给儿子补充营养；一种酸奶，可以让老公改善肠胃消化；一种睡眠好奶，给自己改善睡眠。

第三天，周老师下班就特别注意小美的牛奶宣传点，看到周老师过来，小美立刻打招呼说："周老师，还记得我吗？"周老师认出自己的学生，非常高兴，小美趁机说："周老师，觉得我们的牛奶怎么样？"周老师恍然大悟，"原来是你，难怪连我睡眠不好都知道的那么清楚！"感动之下，周老师当场订购半年家庭套餐。

"周老师，其实我们的牛奶对改善睡眠很有帮助，只是属于长效品，您现在睡眠质量怎么样？""比以前更差了，睡也睡不着，白天还总是头疼！"小美这时突然想到一个做保健品销售的朋友，她卖一种口服液，据说能快速提高睡眠质量，于是就推荐给老师："您放心，可以让她周末带样品来看看，买不买无所谓。"

这样，小美不但有了新的客户，还给朋友介绍了客户，同时又真心帮了老师的忙。

那么客户资料的收集目的及内容究竟涵盖哪些方面呢？

（一）收集客户资料的目的

收集客户资料主要的目的就是了解客户的情况，为自己的销售工作扫清障碍。

（1）通过背景资料的收集，销售员可以了解客户企业的基本情况、各个利益的相关方、信用状况等，从而给自己制定销售策略提供帮助。

（2）通过项目资料的收集，销售员可以避免把非常有限的时间、费用和精力投放到一个错误的客户身上。了解了客户项目的情况包括客户要不要买、什么时候买、预算是多少、它的采购流程是怎么样的等，销售员才能有针对性地采取销售方法和提供切实的解决方案。

（3）通过对负责人个人资料的收集，可以帮助销售员拉近与客户的距离，促成交易的成功。

（二）客户资料的内容

销售员需要收集的客户资料包括：客户背景资料、和自己业务相关的项目资料、相关人员的个人资料，如表2－11所示。

表 2－11　收集客户资料的具体内容

资料类别	具体内容
客户背景资料	（1）客户名称、所属及组织机构
	（2）客户各种形式的通信方式
	（3）区分产品的使用部门、采购部门、支持部门
	（4）了解产品具体使用人员、维护人员、管理层及高层
	（5）同类产品安装和使用情况
	（6）客户的业务情况
	（7）客户所在的行业基本情况
和自己的业务相关的项目资料	（1）客户最近的采购计划、采购预算、采购时间表及采购流程等
	（2）通过这个项目要解决什么问题
	（3）决策人和影响者
相关人员的个人资料	（1）家庭状况和家乡
	（2）毕业的大学及受教育程度
	（3）个人爱好，如运动、宠物、喜欢的书籍等
	（4）上次度假的地点和下次休假的计划
	（5）工作行程安排，在企业中的作用
	（6）同事之间的关系
	（7）今年的工作目标及个人发展计划、志向等

三、实操演练

1. 实操背景（本次实操演练以寻找客户方法为例）

销售员甲要到 A 社区开发灭蟑器客户。A 社区内住着销售员甲的一个老同学刘先生，同时该社区有个协会，定期召开社区卫生督进会，退休老干部张先生是这个协会的负责人。

2. 实操过程

（1）销售员甲先以电话联系到老同学刘先生，寒暄一番后，甲说明了自己的来意。

（2）刘先生知道社区卫生督进会的负责人是张先生，而且张先生喜欢在每天下午 3：00 至 5：00 这个时段在活动室下棋。

（3）甲根据刘先生提供的资料制作了一份详实的“潜在客户开发计划”，并狠攻了几天有关象棋的知识。

（4）一个星期后，甲在刘先生的引荐下，成功地与张先生进行了沟通。

3. 模拟时间

1 个课时。

4. 角色扮演

由 3 人组成一个小组，分角色扮演。销售员甲 1 人，张先生 1 人，刘先生 1 人。

5. 效果要求

学员熟练掌握寻找潜在客户的各种方法，剖析其优劣，同时制作相关计划。

工作任务二　区分评估筛选

小C：客户找好后，是不是就可以立即进行销售了？

老C：哈哈！还早着呢，销售员找到客户后，首先要做的工作就是对手中的客户信息进行必要的筛选及分类，在所有潜在客户中选出“可能的客户”。通俗地说，也就是对客户的资格评估。

小C：这样做有用吗？前面讲了那么多的方法，随便用一种也能抓到几个客户啊！

老C：像你这样盲目撒网就甭想在销售行业做出名堂了。要想顺利销售，就得区分出客户的类型及价值，进而采取有针对性的销售方法，这样才能提高工作效率。

小C：那如何做才能有效呢？

老C：找到客户后，不要急着去联系甚至登门拜访，应按下面列示方法着手进行。

首先就手中的客户资料建档，然后再对其进行具体评估，最后就是将客户做好分类，以便区别处理。

一、基础知识

手中拥有了客户资源，销售员还要对客户进行评估整理。只有对客户进行了充分地研究和分析后，销售员才能根据不同客户的情况采取不同的处理方式，以提高自己的工作效率和工作质量，扩大销售业绩。否则，对所有的客户采取同样的处理方法，势必会导致销售在一开始就夭折。

某企业的一位销售员小张干了销售工作多年，经验丰富，关系户较多，加之他积极肯干，在过去的几年中，销售量在公司内始终首屈一指，谁知自一位销售员小刘参加销售员培训回来后，不到半年，其销售量就直线上升，当年就超过小张。对此，小张百思不得其解，就私下问小刘：“你出门比较少，关系户没我多，为什么销售量比我大呢？”小刘指着手中的资料说：“我主要是在拜访客户前，分析这些资料，有针对性地拜访，比如，我对125名老客户分析后，感到有购买可能的只有90个，根据以往的经验，90个中20个的订货量不大。所以，我只锁定其中的70人。结果，命中率较高。其实，我的老客户只有50人订货，订货率不足

50%，但是节约出大量的时间去拜访新的客户。当然，这些新客户也是经过挑选的，尽管订货率不高，但建立了关系，还是值得的。”

由此可见，有比较才有鉴别，有选择才有重点，有重点才有效率。

二、实操过程

第一步 建立客户档案

建立客户档案，可以快速制定开发和拜访方案，对于有效分配资源、提高成交率有很大的帮助，同时方便销售员对客户进行必要的评估。

（1）一般资料档案的建立可以通过表格的形式，例如，可以根据目标客户的性质进行表格管理。（具体如表 2－12 所示）

表 2－12 客户资料档案表

编号	公司型客户	个人型客户
1	公司名称	姓名
2	地址	年龄
3	电话	住址
4	行业种类	电话
5	年营业额	职业
6	员工数目	服务公司
7	主要商品	服务公司地址
8	采购决策者	服务公司行业
9	主要客户	出生地
10	行业地位	家庭成员
11	现有竞争者	兴趣
12	供货渠道	性格
13	市场占有率	喜爱运动
14	工厂所在地	采购决策人
……		……

（2）销售员完全可以按照自己的工作侧重点和工作方式，来建立最具有实用性的资料档案表。同时，也可以根据其他分类标准建立表格。例如，销售员可以根据寻找目标客户的途

径来建立合适的表格（具体如表 2－13 所示）。

表 2－13　客户资料档案表

类型	姓名	电话	其他联系方式	公司	备注
同学					
朋友					
旧同事					
客户转介					
聚会开发					
竞争对手客户					
其他					

（3）为了增加实用性，也便于分类处理，销售员还可能选择建立客户资料卡的形式（见表2－14）。

表 2－14　客户资料卡

编号：

客户名称：＿＿＿＿＿＿＿＿

客户地址：＿＿＿＿＿＿＿＿　电话：＿＿＿＿＿＿＿＿

负责人：＿＿＿＿＿＿＿＿　年龄：＿＿＿＿＿＿＿＿

学历：＿＿＿＿＿＿＿＿　婚否：□已婚□未婚□再婚

性格特点：＿＿＿＿＿＿＿＿

主要经营项目：A. ＿＿＿＿＿＿＿＿

B. ＿＿＿＿＿＿＿＿

主要联络人：A. ＿＿＿＿＿＿＿＿

B. ＿＿＿＿＿＿＿＿

开业时间		家庭状况	
日销金额		服务态度	
付款方式		社交活动	
经营方式		信用级别	
营业方式		经济实力	
敬业精神		其他事业	

备注：＿＿＿＿＿＿＿＿

建卡日期：＿＿＿＿

第二步　对客户开展资格评估

客户资格评估，就是销售员根据自己所销售的产品用途、价格及其他方面的特征，对潜在的客户进一步全面衡量和评价，具体包括对其需求度、需求量、购买力、决策权等方面的评估和审查。

（一）需求度

客户的需求度，以及需求的程度，是销售能否成功的关键因素。评估客户的需求度，就是评估与审查对所销售产品需求的程度。根据马斯洛的观点，人的需要可以排列成金字塔的形式，具体如图 2－2 所示。

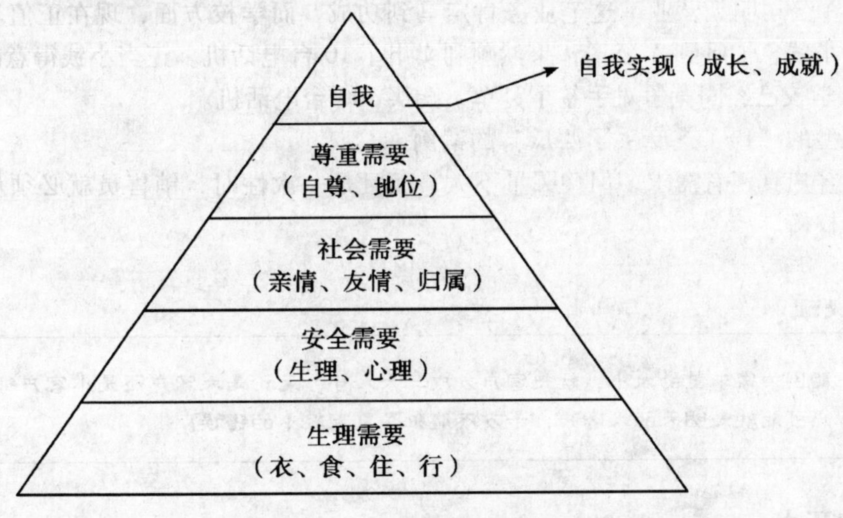

图 2－2　人类需要排列结构金字塔

销售员在分析潜在客户的购买动机和购买行为时，不妨借鉴马斯洛的“金字塔”，它可以帮助销售员把握客户的需求度。

另外，在实际操作中，销售员可以借助一定的表格（见表 2－15）来进行客户需求度的分析，这样能使销售员比较直观地认识客户需求程度。

表 2－15　客户需求程度表

客户	非常强烈	比较强烈	一般	可有可无	厌恶
A	√	√			
B			√		
C		√			
D	√				
E				√	

说明：由本表可以看出，销售员应把客户 A、D 当成重点客户对待，而对于客户 C 要积极争取，对于希望不大的 B 可以进行跟进，客户 E 则应考虑放弃。

（二）需求量

所谓需求量，就是客户可能购买产品的数量。对于销售员而言，仅仅知道一个客户存在需求是不够的，还要对其需求量的大小进行了解。这样，销售员可以在销售拜访时做到心中有数，不至于为了小客户而损失大客户。

小钱是电话机销售员，这天同时有两个客户要求与其见面洽谈。第一个客户是 A 公司，因为明天就要正式运营，今天必须购买并将电话全部安装到位。第二个客户是 B 学校，打算给新落成的学生宿舍配备电话机。

小钱想，A 公司明天营业，这笔业务肯定马到功成，而学校方面，现在正值暑假，肯定不着急。于是小钱急忙赶到 A 公司，果然顺利卖出了 10 台电话机。正当小钱得意的时候，却又意外得知 B 学校已经同竞争对手签了订单，购买 300 台电话机。

这就是典型的“捡了芝麻丢了西瓜”的案例。

所以，当客户真正有需求，但购买量不大，而且是一次性时，销售员就必须从时间和先后顺序上进行权衡。

老 C 提醒：

销售员也不能因为需求量的大小，就把客户分成三六九等，无论是大客户还是小客户都是客户，何况，此时的小客户可能就是明天的大客户，千万不能犯了重大轻小的错误。

（三）购买力

小金是珠宝钻石的销售员。这天，他又向其同事抱怨：“真是烦透了，每天都有个家伙等在门口要买我最大的宝石戒指，如果买不到他老婆就要跟他离婚。”

“那你真走运了，那个宝石戒指至少可以让你赚辆汽车！”同事羡慕地说。

“赚你个大头鬼，那家伙是个脑袋有问题的人！”

“脑袋有问题”的人对戒指的购买欲望十分强烈，但是他无钱买，也就是不具备相应的购买力，不能成为销售员的现实客户。所以，在实际销售工作中，对那些交易批量大、产品价格高的客户，销售员必须提前对客户的购买力进行初步了解。具体可从以下方面甄别：

（1）信用状况。可从职业、身份地位等收入来源的状况，判断是否有购买能力。

（2）支付计划。可从客户期望一次付现，还是要求分期付款，及支付首期的金额的多寡等，判断客户的购买能力。

（四）决策权

分析目标客户的决策权也是评估中一个不可缺少的环节。识别真正的决策者。

（1）对于便利品，潜在客户一般都拥有决策权，例如，男士购买剃须刀，女士买化妆品等。

（2）选购品和特殊品，决策权一般掌握在家长、家庭主导成员或收入较高者那里。

所以，销售员应根据客户的实际情况，考虑轻重缓急，有针对性地下工夫。

第三步　对客户进行分类

（一）一般客户分类

对客户进行分类，标准不同，客户群体也不同。大致有以下4种不同的分类方法。

1. 按照客户的需求分类法

销售员根据客户对自己产品或服务有需求、可能有需求和没有需求将客户分为目标客户、潜在客户、无效客户。

2. 按照客户的重要程度分类法

所谓按照客户的重要程度分类法是指依照客户的可能购买数量，将客户分为重要客户、次重要客户和一般客户。虽然每一个客户对销售员而言都是重要的，但如果要想提高销售业绩，销售员对重要客户必须多花一些时间。

3. 按照客户的规模分类法

销售员按实际情况划定一个标准，给客户设定规模，例如按客户公司的人数、经济类型、成立时间等来界定大客户、中客户、小客户。

4. 按照可能成交的时间分类法

销售员根据自己的判断，按照客户可能成交的时间间隔长短进行分类。暂时没有需要，不能很快成交的客户叫长期维护客户；有需求但不能很快签约的客户称为短期维护客户；对于那些既有需求，又正在运作购买事宜的客户称为近期客户，销售员要盯紧此类客户，注意不要节外生枝。

销售员可按照自己的实际工作情况和产品的特点，选择适合自己的方法来使用。

（二）潜在客户分类

通过对客户进行分类，销售员对自己手里的客户情况已经有了基本的了解。对于所发现的潜在客户，销售员要想保证对其进行有效地、有计划地销售，这就需要按某种标准将潜在客户再次分类，以便分别处理。

1. 按照“放弃与否”加以分类

（1）应继续访问的。

（2）暂隔一段时间再去访问的。

（3）准备放弃的。

2. 对打算继续访问的客户，按照再去访问的时间间隔再加以分类

（1）计划2天以内去拜访的客户。

（2）计划5天以内去拜访的客户。

（3）计划10天以内去拜访的客户。

（4）计划15天以内去拜访的客户。

对于潜在客户的这种分类，不但易于决定即将访问的对象和访问次序，还可达到均衡化销售的目的，使销售实绩不致发生很大的起伏。

经过这样的客户分类和不断的分析后，销售员自然可筛选出那些暂时全无希望的潜在客户，进而放弃对全无希望的潜在客户的跟踪，节约自己的时间和精力。

三、实操演练

1. 实操背景（本次实操演练以分析潜在客户为例）

小超是某知名人寿保险公司的新进业务代表，周一早上，他的经理将手中的3位客户资料递给小超，让其挑选并鉴定一下哪些是基本合格的客户（见表2－16）。

表2－16　客户资料

客户甲资料：

年龄	25岁	性别	男	健康状况	佳
婚姻	已婚无小孩		抚养家属		太太
学历	大学		职业		钢铁厂职员
年收入	30万人民币		住宅		楼房

客户乙资料：

年龄	45岁	性别	男	健康状况	不好
婚姻	已婚两小孩		抚养家属		两孩子（上大学）
学历	大学		职业		已退休
年收入	12万人民币		住宅		房子

客户丙资料：

年龄	19岁	性别	女	健康状况	佳
婚姻	单身		抚养家属		无
学历	大学在校生		职业		全职学生
年收入	5万人民币（打工）		住宅		与父母同住

续表

客户丁资料：

<table>
<tr><td>年龄</td><td>65岁</td><td>性别</td><td>女</td><td>健康状况</td><td>佳</td></tr>
<tr><td>婚姻</td><td colspan="2">孀妇</td><td colspan="2">抚养家属</td><td>无</td></tr>
<tr><td>学历</td><td colspan="2">历史博士</td><td colspan="2">职业</td><td>大学退休教授</td></tr>
<tr><td>年收入</td><td colspan="2">社会福利金和退休金</td><td colspan="2">住宅</td><td>公寓</td></tr>
</table>

2. 实操过程

（1）小超首先分析手中客户的资料：鉴定其有或无。

金钱　　权力　　渴望

客户甲资料：________　_____　_____

客户乙资料：________　_____　_____

客户丙资料：________　_____　_____

客户丁资料：________　_____　_____

（2）然后回答以下问题：

A. 哪两位是最有资格的准客户？

资料#______

资料#______

B. 下一位你会考虑谁?

C. 哪一位应从名单去除不作任何考虑?

3. 模拟时间

2个课时。

4. 效果要求

学员熟练掌握客户资料分析的方法及技巧，以便区别处理。

工作任务三　做好预约工作

老C：在确定了有销售意向的客户之后，销售员便要接近准客户，进行销售访问。为了有效地接近访问对象，销售员要做的第一件事，就是做好客户的约见工作。

小C：哦，原来是这样啊，怪不得有时常“扑空”。

老C：是啊，销售对象不同，约见准备的内容也应有差别。

小C：那么具体我该怎么做呢？

老C：首先得做好客户的预约准备工作；然后再根据不同的客户特点选择不同的预约方式；

当然，不是所有的客户一开始就能预约成功的，所以，销售还得学几招客户拒绝的应对技巧。

一、基础知识

预约，就是销售员通过一定的渠道，征求客户的意见，并商定拜访时间、地点；预约准备，是销售员在与客户正式约定见面和正式接触前，针对某一特定准客户而进行的准备工作，是为进一步了解、掌握、分析客户的情况而进行预先准备的过程，是客户资格审查的继续，也是非常重要的销售工作环节。

一位销售员敲开了一家公司的门。

销售员：您好！

秘书：请问您找谁？

销售员：我是××杂志广告销售员，找贵公司负责广告的刘先生谈宣传的事情。

秘书：刘先生有事出去了。

销售员：啊？我白跑一趟了。

秘书：你们有预约吗？

销售员：（无可奈何地摇摇头）没有，我以为他每天都在。

秘书：怎么可能呢？你只能改天再来了。

预约是拜访客户的第一步，为了顺利见到客户，销售员一定要提前预约，不要唐突拜访。上面这位销售员没有预约，结果不但没有见到自己想见到的人，而且还浪费了自己的时间和精力。

二、实操过程

第一步　做好各项预约准备工作

约见客户前一定要做好相关的准备。而且，销售对象不同，预约准备的内容也不一样。这里分别就销售工作最为常见的个人客户、法人客户、老客户的预约前应做的准备进行说明。

（一）个人客户预约准备

对于个人客户，预约前最重要的就是要对客户的个人背景资料有一定的掌握，具体说来，应包括以下几个方面：

1. 姓名

了解客户的姓名是约见准备的第一步。如果能在一见面时就能准确地叫对方姓名的话，会缩短销售人员与客户的距离，产生一见如故的感觉。否则，连见面的机会可能都没有。

星期一大早，销售打印机的刘强急匆匆拿起电话打到某公司的经理室，电话接通了。

销售员：喂，您好，李先生。我叫刘强，是SW公司的推销员。

蔡经理：哦，我姓蔡，不姓李。

销售员：真对不起。我没听清楚您的秘书说您姓蔡还是姓李。我想向您介绍一下我们公司的彩色打印机……

蔡经理：我们现在还用不着彩色打印机。即使买了，可能一年也用不上几次。何况我现在没时间，要准备早上的例会，以后再说吧！

说完就“啪”地挂上电话，留下刘强傻傻地怔在那里。

连别人的姓氏都没弄清楚，试想这样的销售能成功吗？

老C提醒：

记住客户的姓名，是赢得客户信任、获得推销成功的第一步。

2. 年龄

不同年龄的人会有不同的个性差异和需求特征，因而会有不同的消费心理和购买行为。

在预约前，销售人员应采取合适的方法和途径了解该客户的真实年龄，以便于分析、研究、把握客户的消费心理，以制定下一步的销售策略。

3. 性别

在预约客户时，还应了解到对方是男是女，从而制订不同的销售方案。不能望文生义地从客户的姓名、职业、职位等主观地判断其性别，以造成不必要的尴尬。

4. 出生地

销售人员了解客户的出生地，一来可以从侧面揣测其生活习惯和性格特征，二来可以以此为话题拉近与其的感情距离。

5. 学习及工作经历

对于销售人员而言，了解客户的学习和工作经历将有助于预约时与其寒暄，拉近双方间的距离。

6. 相貌特征

销售人员在预约前应了解客户的声音、相貌、身体等重要特征，最好能拥有一张客户的近期相片。人的体形与相貌总是反映着人的健康状况、性格特征、内在气质甚至文化修养。销售人员若能掌握客户的身体相貌等特征，既可避免接近时出错，又便于提前进入洽谈状态。

7. 职业状况

不同职业的人，久而久之会形成独特的职业性格，从而使不同职业的人在价值观念、生活习惯，购买行为和消费内容与消费方式等方面，都有着比较明显的差别。因此，针对不同职业的客户，销售员在约见方式，认识方式、接近方式与洽谈方式上也应该有所不同。

8. 兴趣爱好

了解客户的兴趣爱好，不仅有利于在预约时有针对性地投其所好，找到更多的共同话题，融洽谈话气氛，而且可以避免冒犯客户。

9. 民族特性

了解客户的民族属性，准备好有关各民族风俗习惯的材料，是预约接近客户的一个好方法。

10. 办公及居住地址

客户的住址、办公地点和经常出入、停留的地方，对销售员而言是很重要的资料。在准备预约前，一定要不厌其烦地核对清楚。例如，街道名、楼宇名、门牌号码，以及其周围的环境特征、联系电话、传真机、手机号码等都要搞清楚，为后期的登门拜访做好准备。

（二）法人

法人购买者是指除个体准客户以外的所有准客户，包括工商企业、政府机关、事业单位、社团组织和军队等购买者。

由于法人购买者的业务范围广，购买数量大，而且购买决策人与购买执行人往往是分离的，使法人购买者的购买行为变得更为复杂，涉及的问题也比较多。因此，销售员准备的资料应比个体准客户更充分。

这里以工商企业准客户为例，说明销售人员约见法人准客户前应做的准备。

1. 基本情况

法人购买者的基本情况包括法人购买者的机构名称、品牌商标、营业地点等。此外，销售人员还应了解法人客户的所有制性质、注册资本、员工人数、交通条件及通信联络方式等。因为，了解团体客户的公司规模，就可推知该机构对产品的需求量和支付能力；了解团体客户机构的所在地，便于通信联络推销事宜，同时也可根据该地的运输条件确定相应的推销品价格。

2. 生产经营情况

团体客户的生产经营情况对其购买行为有着较为直接的影响。因此，在预约团体客户之前，销售员应尽可能全面地了解其生产经营情况，包括其生产经营规模、经营范围、生产能力、资信与财务状况，设备技术水平及技术改造方向、企业的市场营销组合、市场竞争以及企业发展方向等方面的内容。为此，销售员可以了解客户产品线的宽度、长度，产品线之间在材料来源方面的关系等，了解客户企业的设计生产能力、目前已经达到的生产能力和潜在的生产能力，从中寻找推销产品的机会。

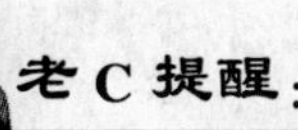

老C提醒：

如果准客户属于商业机构，应该了解客户的营业面积、商品规模、商品等级、客流量多少、购买者的购买行为及商品特点等，并了解对方的资信情况。只要有资金实力，只要对方讲信誉，不论其目前是否有钱，都可进行交易。

3. 采购习惯

一般来说，不同的法人客户有着各自不同的采购习惯，包括采购对象的选择、购买途径、购买周期、购买批量、结算方式等方面都可能有差异。在准备工作的过程中，销售员要对团体客户的采购习惯进行认真、全面、细致地分析，再结合推销品的特征和性能，确定能否向客户提供新的利益以及团体客户对推销品采购的可能性。

4. 组织结构和人事状况

销售员不仅要了解法人客户的近远期目标、规章制度和办事程序，而且还要了解它的组织结构和人事状况、人际关系以及关键人物的职权范围与工作作风等方面的内容。因为对团体客户的推销，实际上是向机构决策人或执行人推销，而绝非向机构本身推销。但是，机构本身复杂的组织结构和人事关系，对推销能否成功有着重要的影响。因此，在接近团体客户之前，了解和掌握机构的组织结构和人事状况，有针对性地开展推销接近工作，对促进推销活动的进一步顺利进行显得非常重要。

5. 联系方式

应了解法人准客户团体总部所在地及各分支机构所在地的详细地址、邮政编码、传真号码、公司网址，具体准客户的电话、手机号码，以及前往约见与接近时可以利用的交通路线及交通工具、进入的条件和手续等情况。

6. 其他情况

对影响客户购买的其他情况也要了解。例如：购买决策的影响因素有哪些？目前进货渠道有哪些？维持原来的购买对象与可能改变的原因是什么？目前准客户与供应商的关系如何？发展前景如何？目前竞争对手给准客户的优惠条件是什么？客户的满意程度如何？

（三）老客户

对老客户的预约准备工作，不同于对新寻找的目标客户的准备工作，因为销售员对老客户已经有一定程度的了解，主要是对原有资料的补充和调整，是对原有资料错漏、不清楚、不确切等方面进行的及时修订和补充，是对原有客户关系管理工作的延续。

做医疗器械销售员的小程打电话约见从前的老客户——A 医院的邓院长。

小程：邓院长，您好！好长时间没见了，今晚有空吗？我请您吃饭。

邓院长：不，谢谢。

小程：我们公司从国外刚进口一种新的心脏起搏器，我想向您介绍一下。

邓院长：有业务就想起找我啦？

小程：当然，我们是老朋友了嘛。

邓院长：我恐怕让你失望了。

小程：为什么？

邓院长：一年前我就改任书记，从事党务工作了。

小程：哦……

那么，在预约老客户前，销售员应该做好哪些准备呢？

1. 重温老客户的基本情况

应该注意和重视在预约之前对老客户原有情况进行温习与准备。通过温习，以便在见面时可以从这些内容着手进行寒暄，这样会使客户感到很亲切。

2. 密切关注老客户的变动情况

对原来档案中的资料，最重要的一方面就是审查一下是否有变动。因此，各项资料都应逐一审查，并加以核对。

3. 掌握老客户的反馈信息

对于老客户而言，销售员再一次预约前，应该先了解老客户（无论是个体客户还是团体客户）上一次成交后的情况反馈。客户反映的内容是多方面的，主要包括供货时间、产品价格、产品质量、使用效果和售后服务等。

第二步 确定预约的内容

预约的基本内容包括以下四个方面。

（一）确定预约对象

销售员需要事先弄清楚预约的对象究竟是谁，避免把时间精力浪费在那些无关紧要的人物身上。因此，在确定预约对象时，要根据销售业务的性质，设法预约购买决策人或对购买决策有重大影响的人。

（二）明确预约目的

预约客户要有明确的目的：一方面让客户感到有预约的必要性；另一方面也使销售员的销售访问有针对性。

（三）安排预约时间

预约客户的时间安排是否适宜，会影响到预约客户的效率，甚至关系到销售洽谈的成败。在日常工作中，不少销售员之所以归于失败，并不在于销售本身有问题，也不在于主观努力不够，而是由于选择预约的时机欠佳。因此，有经验的销售员都非常重视预约时间的安排。

老C提醒：

对于合理地安排预约客户的时间，要掌握推销的最佳时机，一方面要广泛收集信息资料，做到知己知彼；另一方面要培养自己的职业敏感，择善而行。

（四）选择与确定预约地点

选择与确定预约地点应坚持方便客户、有利于预约和推销的原则，这样才可能利于交易的达成。预约地点的选择方式一般有以下几种：

1. 自己的工作单位

选择销售员自己的工作单位作为约见地点。此种选择方式可以增进客户对公司的了解，从而增强其对公司和产品的信赖感。但选择本公司作为预约地点，要求事先进行一些相应的准备和策划。一般说，在本单位预约客户，推销的成功机会比较大。

2. 社交场合或公共场所

销售员也可以根据具体情况利用各种社交场合和公共场所，以此作为预约客户的地点。如咖啡厅、酒会、座谈会、公园、广场等，在这种场合下，双方影响力是均等的，相对较容易对客户施加影响。

3. 选择客户工作单位为预约地点

这是较为常用的方式，因为在大多数情况下，客户是被动的，而销售员应该采取主动。但这种选择容易在心理上使销售员处于弱势地位，不利于销售员进行推销活动。如果推销的产品是日常消费品，则通常以客户居住地为预约地点，既方便客户，又显得亲切、自然。

第三步　选择预约的方式

不同的客户有不同的预约方式，销售员应选择什么样的方式能更顺利地见到客户呢？这里就各种方式的特点与不足来选择合适的预约方式。

（一）电话预约

电话是销售员开展工作的重要沟通工具，利用电话约见客户是销售员常用的方式。这里所说的电话预约就是通过电话来赢得与客户见面的机会，并不等于电话销售。

1. 电话预约特点

电话预约的特点具体如表 2－17 所示。

表 2－17　电话预约特点

特点	内容
优点	方便、快捷、实用
不足	如遇到难缠的前台阻挡，则不能很快联络到决策人
应注意事项	（1）不知客户的负责人具体是谁 （2）客户暂时对你的产品或服务不感兴趣 （3）对自己业务不熟悉

2. 电话预约步骤

电话预约步骤如图 2－3 所示。

3. 电话预约方法

（1）自我介绍法。

销售员在运用自我介绍法时，首先应确定所找的人在不在。“您好，请问××先生（女士）在吗？”是通常的说法。如果得到肯定回答，那么销售员就可以进行下面的表述了。

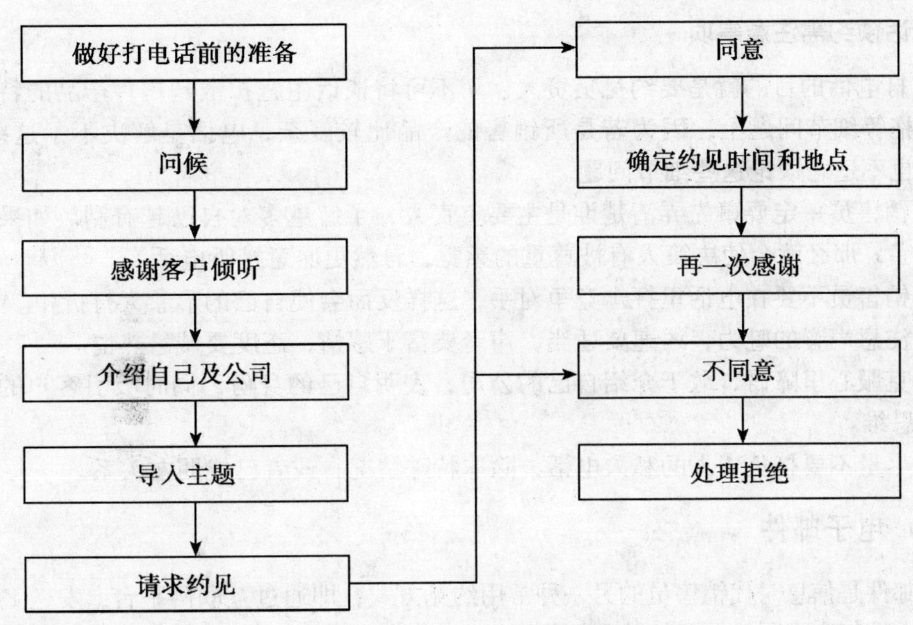

图 2－3 电话预约的步骤

"×××先生（女士），我是××公司的销售员×××，最近我公司新推出了一项产品，很想介绍给您，不知您这星期哪天时间方便，我去拜访您?"

"×××先生（女士），我是××公司的销售员×××，能否占用您一点儿时间与您谈几句话呢?"

"×××先生（女士），我是××公司的销售员×××，我想周×上午（下午）时分或者周×上午（下午）时分去拜访您，您看哪个时间更合适呢?"

（2）利用第三方。

利用第三方，就是向客户说明由"谁"介绍与客户联系的，"谁"当然是客户熟悉或关系不错的人。利用第三方可以拉近销售员与客户之间的距离，有利于销售员成功地约见客户。销售员可以进行下面的表述。

"×××先生（女士），我是××，在××公司工作。您的朋友×××也是我的好朋友，他常提起您，说您对人很热情，在××方面也很有造诣，我很想认识您，以后还有好多问题要向您请教呢……明天上午 10 点我去拜访您，您方便吗?"

"×××先生（女士），我是××，刚到××公司工作。×××是您的好朋友吗? 她也是我的朋友，我早从她那里得知您的大名了（笑），也知道您在××方面很有研究。遗憾的是一直没有机会与您谋面，我想明天上午专程拜访您，向您请教几个问题，不知您上午几时方便?"

（3）确定法。

确定法，就是销售员直接告诉客户要拜访的时间，多用于非初次拜访的预约。

"×××先生（女士），我是×××，周二上午（下午）×点，我准时到您的办公室（家里）去拜访，您时间上没有问题吧?"

4. 电话预约需注意事项

（1）打电话的目的就是要约见负责人，切不可将谈话主题扩散到销售产品的特性或讨论产品的价格等细节问题上，因为若是所销售的产品比较复杂，电话是解决不了这些问题的，而且电话也不适合谈论这些细节问题。

（2）销售员一定要事先弄清楚谁是主要负责人，了解越多对自己越有利。如果能说出决策人的名字，那么就会使决策人有被尊重的感觉，自然更愿意接听电话。

（3）销售员不要在电话里抨击竞争对手，这样反而会使自己的形象大打折扣。

（4）注意声音的魅力，语速要适当，声音要富于感情，态度要诚恳热情。

（5）克服心里障碍，敢于介绍自己的公司，表明自己的身份，同时吸引客户的兴趣，引导客户的思维。

（6）尽量不要打负责人的私人电话，除非特殊情况，或者已成朋友关系。

（二）电子邮件

电子邮件是信息时代销售员的另一种常用约见方式，即通过互联网平台，发送 E-mail 来约见客户。一份与众不同的电子邮件不但能增加客户对销售员的好感，而且能达到约见的目的。

1. 电子邮件特点

电子邮件的特点具体如表 2 – 18 所示。

表 2 – 18　电子邮件特点

特点	内容
优点	方便、及时
不足	有时会被当作垃圾邮件删掉或忽视
应注意事项	（1）没有对方邮件地址 （2）用其他方式效果更好 （3）负责人很忙，可能不会很快看到你的邮件，耽误你的工作进度 （4）负责人不使用电脑

2. 电子邮件预约撰写需注意点

（1）邮件内容一定要简单明了，只要将预约的时间、地点和事由说清楚即可。客户通常都有自己的本职工作，如果篇幅较大，会引起客户反感或者连看的兴趣都没有就直接丢到垃圾箱了。

（2）邮件中言辞一定要诚恳，态度一定要坦诚，这样往往能感动客户从而很快给你答复。

（3）邮件一定要有标题，而且标题要清楚明白，以防被客户当作垃圾邮件删除。

（三）函约

函约是销售员利用信函、邀请函等约见客户的一种方法。

1. 函约特点

函约的特点具体如表 2－19 所示。

表 2－19 函约特点

特点	内容
优点	选择面广、主动性强
不足	速度慢，易受偶然因素的制约，例如途中丢失或者被秘书前台拦截等

2. 函约客户应注意事项

（1）信函内容要详细，让客户了解销售员的真实意图或活动目的。

（2）情况较紧急，如展会日期临近或本公司业务推广活动马上就要进行时等不要用此方法。

（3）通常对外地客户或者一般客户用此法。

（4）一般在公司搞活动或者举办展示会、新闻发布会等，用此方法预约客户能显示出对客户的尊重。

以上三种约见客户的方式，销售员可根据具体情况、客户的不同来分别选用不同的方式，也可以几种方式结合起来使用，主要的原则是要达到和客户顺利见面的目的。

第四步 处理预约拒绝

了解约见客户的方式后，不一定就能真正达到约见的目的，总会遇到这样那样的困难，或者由于各种原因而遭到客户的拒绝。遇到客户拒绝时，销售员应该如何应对呢？下面以电话预约方式为例进行说明如何巧妙应对预约拒绝。

情景一：拒绝理由——把资料发个传真或寄一份过来

销售员：孙总经理，您好！我是××保险公司的销售员，主要做寿险的，您什么时候方便，我去拜访您？

孙总：请你把资料传真过来或寄一份过来，看看再说吧，反正我近期也不需要。

销售员：孙总，我们的资料都是精心设计的纲要和草案，必须配合人员的说明，而且要对每一位客户分别按个人情况再做修订，等于是量体裁衣。所以最好是我星期一或者星期二过来看您。您看上午还是下午比较好？

孙总：那先帮我做个计划吧，拿着我的计划过来。

销售员：请您告诉我您的年龄、收入等信息，我帮您设计一份适合您的寿险计划？

孙总：……

销售员：好的，我记下了，那下周二上午我过去看您？

孙总：好的，我等你！

销售员：打扰您了，再见！

成功原因：

直接说出产品的“量体裁衣”的特性来引起客户注意，吸引客户进一步了解，最后达到约见客户的目的。

情景二：拒绝理由——没有时间

销售员：孙总经理，您好！我是××公司的销售员，是做企业培训的，您什么时候方便，我去拜访您？

孙总：我最近都没时间，以后再说吧！

销售员：我理解，我也老是时间不够用，孙总，美国富豪洛克菲勒说过，每个月花一天时间好好盘算，要比整整30天都工作来得重要！我们只要花15分钟的时间见面就可以了！麻烦您定个日子，选个您方便的时间吧！我星期一和星期二都会在贵公司附近，所以可以在星期一上午或者星期二下午来拜访您！

孙总：……那好吧！

成功原因：

客户以没时间为理由拒绝，其实不一定真的没时间，可能只是个托词，销售员给了客户两个时间选择，让客户感觉方便灵活；另外告诉客户只需占用他15分钟时间，即使很忙，总可以挤出15分钟时间吧。

情景三：拒绝理由——没兴趣参加

销售员：孙总经理，您好！我是××公司的销售员，做建筑材料的，本周五到周日在××有行业展览会，我们公司也在参展，您方便过来看一看吗？

孙总：我没有兴趣！

销售员：我非常理解，孙总，要您对不晓得有什么好处的东西感兴趣实在是强人所难。因此，我才想向您亲自报告或说明。星期一或者星期二我过去看您吧，顺便带上我公司的资料，您看好吗？

孙总：嗯，好吧！

成功原因：

对客户的说法先表示理解，然后说出拜访的理由，让客户无法拒绝见面。

三、实操演练

1. 实操背景（本次实操演练以预约拒绝处理为例）

小毕是 W 礼品公司的销售员。一天他从朋友口中得知 S 公司准备 10 周年庆，目前正在筹备阶段，还有大批的礼品没有采购，负责采购的是 S 公司的总务主任张总。

2. 实操过程

小毕：您好，是 S 公司吗？

前台：是的，你哪里？

小毕：我是 W 公司的小毕，找张大勇。

前台：请问你有什么事？

小毕：我找他有急事。

前台：他现在很忙，没时间听电话。

小毕：我昨天已经和他约好今天这时候和他通电话，麻烦您通告他一下，好吗？

前台：要不您先跟我说，我再转告他吧。

小毕：：跟您说？当然可以啊，不过你能做得了主吗？你能代表你们老总做决定吗？耽误了事你能负责吗？

前台：好吧，我给你转过去。

3. 模拟时间

2 个课时。

4. 角色扮演

每 2 人一组，分为 2 组，也可交叉演练。销售员 1 名，前台 1 名。

5. 效果要求

学员弄清客户预约的各项准备工作，同时掌握客户拒绝的应对技巧。

习 题 二

一、单项选择题

1. 销售人员在寻找客户时，对于相关步骤的阐述，以下排列顺序正确的是（　　）。

（1）确定大的客户范围

（2）从客户范围中找准客户。

（3）确定销售对象种类。

（4）从客户种类中找出具体销售对象，即可能购买的准客户。

A.（1）→（2）→（3）→（4）　　B.（1）→（3）→（4）→（2）

C.（2）→（4）→（1）→（3）　　D.（1）→（2）→（4）→（3）

2. 销售人员在开发客户时，需掌握的要领除了随时随地记录、随时随地结识外，还需(　　)。

A. 多交朋友　　B. 多外出走走

C. 多了解自己的产品　　D. 从产品的更新换代中发现客户

3. 网络中的信息具有丰富性、（　　）和多变性等特征，利用网络寻找客户，没有特定的方法，销售人员需要灵活利用有限的信息来源，找到丰富、准确的信息。

A. 复杂性　　B. 交叉性　　C. 有限性　　D. 虚假性

4. 对于个人客户而言，预约前最重要的就是要对客户的（　　）有一定的掌握。

A. 个人背景资料　　B. 生活状况　　C. 业务范围　　D. 机构名称

5. （　　），就是销售员根据自己所销售的产品用途、价格及其他方面的特征，对潜在的客户进一步全面衡量和评价。

A. 客户选择　　B. 产品质量　　C. 客户从业状况　　D. 客户资格评估

二、多项选择题

1. 销售人员预约客户在选择与确定预约地点时应坚持（　　）和推销的原则

A. 方便客户　　B. 方便自己　　C. 方便公司　　D. 有利于预约

2. 调查表明，销售员在拜访客户时，利用销售工具，可以降低（　　）的劳动成本，提高（　　）的成功率，提高（　　）的销售质量！

A. 50%　　B. 10%　　C. 80%　　D. 100%

3. 销售人员去拜访客户时需要带好的销售工具有（　　）

A. 产品说明书、名片　　B. 客户资料

C. 其他所需各项工具　　D. 前面三项均不是

4. 客户资格评估具体内容包括对客户的（　　）、需求量、购买力、（　　）等方面的评估和审查。

A. 需求度　　B. 产品用途　　C. 决策权　　D. 产品价格

5. 销售人员要想对客户的购买力进行初步了解，可（　　）方面进行甄别。

A. 产品价格 B. 信用状况 C. 支付计划 D. 交易量

三、是非判断题

1. 销售员若根据客户的重要程度分类可将客户分成目标客户、潜在客户、无效客户。( )

2. 为了顺利见到客户，销售员必须自己做好准备，预不预约都没有太大关系。( )

3. 连锁介绍法就是要求销售员在特定的区域或行业内，直接上门探访。这种方法虽然古老，但比较可靠。( )

4. 建立客户档案，可以快速制定开发和拜访方案，对于有效分配资源、提高成交率有很大的帮助，同时方便销售员对客户进行必要的评估。( )

5. 销售人员只要销售厉害就可以，与衣着根本就没有太大的关系。( )

6. 客户考察，就是销售员根据自己所销售的产品用途、价格及其他方面的特征，对潜在的客户进一步全面衡量和评价。( )

四、简答题

1. 在销售工作中，销售人员在预约老客户前，自己应该做好哪些准备工作呢?

2. 寻找客户有法可依，而且这些方法都是在销售工作中屡试不爽的方法。作为销售新手，可尝试运用的方法有哪些，试简述之。

3. 电话预约是销售人员最为常用的预约方式。那么销售员要想成功进行电话预约，需要注意的事项有哪些?

五、实操及案例分析

1. 一份与众不同的电子邮件不但能增加客户对销售员的好感，而且能达到约见的目的。作为销售人员，请尝试设计一份与众不同的电子邮件。

2. 小吴是做企业培训咨询的，星期二一大早，小吴便打电话给某民营企业的人力资源总监张某。

小吴：张总，您好！我是××公司吴×，专门做企业培训。是你的朋友××将你介绍给我的，我想近期过来拜访您，请问您什么时候方便?

张总：我最近都没时间，以后再说吧！

小吴：我理解，我也老是时间不够用，孙总，那这样吧，我们只要花15分钟的时间见面就可以了！麻烦您定个日子，选个您方便的时间吧！我下星期一和星期二都会在贵公司附近，所以可以在下周星期一上午或者星期二下午来拜访您！

张总：……那好吧！

请分析小吴是用什么技巧成功预约客户的，试简述之。

参考答案

一、单项选择题

1. A 2. D 3. B 4. A 5. D

二、多项选择题

1. AD 2. ABD 3. ABC 4. AC 5. BC

三、是否判断题

1. × 2. × 3. × 4. √ 5. × 6. ×

四、简答题

1. 简答：销售人员在预约老客户前，应做好以下方面的准备工作：

（1）重温老客户的基本情况。

应该注意和重视在预约之前对老客户原有情况进行温习与准备。通过温习，以便在见面时可以从这些内容着手进行寒暄，这样会使客户感到很亲切。

（2）密切关注老客户的变动情况。

对原来档案中的资料，最重要的一方面就是审查一下是否有变动。因此，各项资料都应逐一审查，并加以核对。

（3）掌握老客户的反馈信息。

对于老客户而言，销售员再一次预约前，应该先了解老客户（无论是个体客户还是团体客户）上一次成交后的情况反馈。客户反映的内容是多方面的，主要包括供货时间、产品价格、产品质量、使用效果和售后服务等。

2. 简答：销售新手可尝试运用的方法有：地毯法、连锁介绍法、网络专业平台搜索法这几种。

3. 简答：略

五、实操及案例分析

1.（参考职责“工作任务三”相关内容）

2. 客户以没时间为理由拒绝，其实不一定真的没时间，可能只是个托词，小吴便给了客户两个时间选择，让客户感觉方便灵活；另外告诉客户只需占用他 15 分钟时间，即使很忙，总可以挤出 15 分钟时间吧。由此，成功约见客户。

岗位职责三 进行客户拜访

基础技能要点

1. 拜访前各种准备计划
2. 建议书的作用
3. 报价障碍表现
4. 客户异议内涵

核心技能要点

1. 建立良好第一印象
2. 设计合适的开场白
3. 营造轻松沟通气氛
4. 制造再次拜访机会
5. 用利益打动客户
6. 用示范促成交易
7. 用策略应对尴尬
8. 报价时机选择
9. 撰写建议书
10. 客户异议处理

工作任务一　赢得客户好感

老C：在推销过程中，客户拜访可谓是销售员最基础、最日常的工作之一。实践证明，只要客户拜访成功，产品销售的其他相关工作也会随之水到渠成，所以，销售员首先得掌握此技巧，为销售奠定坚实的基础。

小C：第一次见面如何才能赢得客户的好感呢?

老C：这个问题所包含的内容可丰富了。

小C：能说的具体一点吗?

老C：赢得客户好感的前提是制定好拜访计划，确定好拜访路线及弄清拜访中的一些禁忌。

拜访客户过程中的具体步骤是：建立良好第一印象→设计合适的开场白→营造轻松沟通气氛→制造再次拜访机会。

一、基础知识

销售员第一次登门拜访的表现，关系到本次销售是否成功，同时也对长期合作产生深远影响，所以，销售员一定要在第一次拜访时能赢得客户的好感。

（一）制定拜访计划

一个详细、周密的访问计划主要包括以下内容：

1. 何人，即确定拜访的对象

当销售员在众多的客户中，决定第二天要去拜访的对象时，要考虑他们的相似性，即把相似的客户放在同一工作日拜访，相似性主要指以下几个方面：

（1）地域上的相似性，住在同一地域，或相距很近的客户在地域上有较好的相似性，因此可以节省在路上的时间，提高工作效率。

（2）需要的相似性，指经济条件差不多，家庭结构差不多的客户，他们对产品需要具有相似性，可以节省你设计产品计划的时间。另外，若一旦某一客户成交了，可以用从众成交策略去促使其他客户成交。

（3）时间上的互补性，指各客户与销售员面谈时不相冲突。

2. 何事，即确定拜访的目的

拜访的目的明确，比如拜访的目的是礼节性拜访、正式销售还是市场调查或收集资料或售后服务、签单、收款及送资料等。弄清自己的目的后，销售员就能掌握主动权，以最少的时间投入取得最佳业绩，在拜访中做到井然有序，而且充满自信，留给客户一个好的印象，认为你是一个精明能干、办事效率高的人。

3. 何时，即选择拜访的时间

销售员不管如何辛勤拜访客户，若时间没有选择对，那你的一切努力，皆徒劳无功。因此，就必须掌握确定拜访时机的方法。

比如，一位保险公司的销售员，在中午的前后，跑至餐饮店，向老板大力推销，老板一定会一口回绝："你没有看到我正在忙啊！你此时来做啥？"因而遭到对方的拒绝。后来，销售员在第二天下午的3：00～4：00来到了餐饮店，叫了饭菜，再向老板进行推销，老板欣然与之交谈起来。

由此可见，销售员必须站在客户的立场上找寻最方便适当的时段，进行商谈，才能获得最佳的成果。而商谈的时间，因客户的行业、部门各有不同，你必须依照客户的作息时间，找出最有效率的商谈时机，再制作成图表。而参照此表，决定商谈次序，就能进行损失最少、效果最好的商谈了。

以下给出不同行业的拜访时间，供销售员参考借鉴见表3－1。

表3－1　不同行业的拜访时间

所属行业	拜访时间
会计师	最好月中去拜访，月初和月尾是他们最忙的时候
医生	上午11：00～下午2：00，最好是在雨天
行政人员	上午10：00～下午3：00
供销人员	上午10：00前或下午4：00后，最热、最冷或雨天会更好
股票行业从业人员	避免在开市后，最好在收市后
银行工作人员	上午9：00前或下午5：00后
政府工作人员	工作时间内，切勿在午餐时间或下班前去拜访
艺术家	可在中午前
药房工作者	下午1：00～3：00，避免在天气转变的日子
饮食业	最好在下午3：00～4：00，避免在用餐时
建筑业	早上或收工后
教师	下午5：00后或放学后
主妇	上午10：00～11：00
报馆或印刷业	下午3：00以后

4. 何地，即选择有利的访问地点

访问地点的选择，遵循的原则是有利于推销而不受（或少受）外界干扰的地方和以客户的意见为主，因此访问的地点既可以是客户的办公室，也可以是客户的家。

5. 何内容，即确定准备谈话的内容

拜访客户时，一般不能一见面就进行推销介绍，因为客户见到销售员来拜访心理上就处于戒备状态；另一方面，在陌生人拜访时，销售员与客户之间尚未建立起良好的人际关系，这是推销成功的障碍，克服这些障碍的方法是通过聊天，谈论客户最喜欢谈论的话题。因此，拜访客户前，销售员需要根据客户的兴趣爱好，确定一个聊天的话题，以及周密设计如何围绕这一话题展开谈话，提哪些问题，引发客户谈话的兴趣等。

例如，有一位汽车推销销售员，他的女同事对他说："我的叔叔想要买一辆车子，你到我叔叔那里去一趟好吗?"于是销售员前往访问女同事的叔父，说："听说这里要买辆车子，是你吗?"客户一听，几乎要倒胃口，销售员也不得不告辞。事隔若干日，这位客户向另一家汽车公司买了一辆车子。

6. 何法，即采用什么样的推销策略和方法

销售员运用什么样的推销策略和方法，主要取决于客户的情况和谈判的临场发挥，客户方面的因素主要有：性格、爱好、文化程度、修养以及对事物的接受程度等。因此在制定推销策略时，事先要对客户的资料进行认真分析，以便制定最恰当的推销策略。影响推销策略的一个重要因素是谈判当时情况的变化。

（二）确定拜访的路线

一次成功的拜访不仅需要有良好的计划，更需要有最有效、最合理的拜访路线。制定合理的推销拜访路线是为了合理使用时间，提高拜访效率，当你需要拜访的客户较多时，路线的选择就显得尤为重要。选择路线的原则是：耗时最少，成效量最大。所以选择拜访路线时，应考虑客户的类型，所在的区域，拜访性质等。

（三）明确初次拜访话题与禁忌

1. 安全话题

（1）天气。同陌生人谈论天气是最基本的交际规则，这既不会引起客户的不快，也不会无意触到客户的禁忌，安全系数为五星。例如：

今天真是骄阳似火，我想太阳大概是在热恋吧！

老天真喜欢给人惊喜，这场大雨给整个城市都洗了个澡。

同样谈论天气，尽量让语言有光彩，不要干巴巴说"今天天气真好""天气不错"之类。

（2）工作、学习。无论是工作还是学习，这都是大部分人的共同话题，销售员提起来，客户也不觉得陌生。例如：

常听别人说做 IT 的人早出晚归，晒不到太阳，现在看您忙碌的样子，不信也不行了。

据说你们大学生现在压力特别大，连谈恋爱都要挤时间，是不是真的这么夸张？

（3）新闻、时事。每天这个社会都自动提供有趣的话题，比如，国家出台的新政策、对工商企业的改革措施等等，销售员尽量找些同客户行业有关的事件进行谈论，这样更能引起对方谈话兴致。

（4）衣、食、住、行。衣、食、住、行四样是每个人都关心，都要接触的事情，这是人们生活的基本需求。销售员以此为话题，可谓四平八稳。

（5）根据搜集客户信息提出话题。拜访前销售员进行了客户信息搜集的工作，如果得知客户在某一方面具有浓厚兴趣，销售员自然不必考虑上面的问题，可以直接谈论客户的兴趣点。例如：

某客户喜欢足球，销售员可以谈谈最近的赛事，但不要表示出对某个球员的强烈喜好。万一客户喜欢“外星人”，销售员偏说他像个傻阿福，攻击客户偶像的结果可想而知。

学会运用这些安全话题，对销售拜访有很大帮助。在此基础上，销售员也要对禁忌话题作些了解，以免触了客户霉头。

2. 禁忌话题

禁忌的话题诸如，政治、宗教；容貌以及身材上的缺陷；上司、同事、邻居以及单位的坏话；客户的商定机密；客户的个人生活；过于专业化的话题等。

（四）提高销售信任指数

作为销售员，在拜访客户时，如何才能让客户信任自己呢？没有任何一个销售员天生就长着一张被人信任的脸，但让客户产生信任却是销售成功至关重要的因素。那么，销售员该如何培养自己的信任度呢？具体可从以下三个方面做起：

1. 越是新手越要有自信

销售新手面对客户的时候，要抱着决不怀疑自己公司、自己产品、自己能力的态度。要得到客户的信任，首先要得到自己的信任。

老C提醒：

销售员在面对客户时，不妨问自己三个问题：

（1）我是个有能力的销售员吗？

（2）我提供的产品是客户最需要的吗？

（3）我的公司是客户最理想的合作伙伴吗？

扪心自问，能毫不犹豫地说三个“绝对是”，销售员才可以去见客户，并把这种信息通过言谈举止传达给客户。

2. 吃得苦受得累

销售是个辛苦的工作，没有吃苦受累的精神，就不能成为一个优秀的销售员。通常情况下，客户很难信任一个销售新手，觉得刚入行的新人不具备吃苦精神，遇到麻烦容易撂挑子。

小马去××厂拜访客户，此厂地处偏僻，交通不便，小马下车后徒步走了将近一个小时才到。

在整个拜访中，采购部主任对小马提供的样品非常满意，决定马上同厂长商量订货量。小马等在办公室，就跟采购部同事闲聊起来："你们厂怎么建在这么偏远的地方，看看，我的鞋子都要磨穿了，这可是老爸送的名牌！"

此话无意被经过的厂长听到，厂长二话没说就让小马回去等消息了。

3. 做可靠的人

销售员必须有意识地塑造"可靠者"的角色，因为大多数客户更希望同那些可靠的人打交道，而厌恶"两面三刀"的家伙。那么如何成为"可靠者"呢？应做到不打听客户的商业机密；不随意透露他人的公、私秘密；严格遵守职业规范和作业制度，坚决不做任何有损客户和公司利益的事情；公私分明；不随便承诺，一旦承诺则坚决做到。

二、实操过程

第一步　登门拜访，建立良好第一印象

在预约的时间内登门拜访，拜访时一定要为客户建立良好的第一印象。因为第一印象的好坏，在很大程度上决定了未来销售的成败，所以销售员在和客户见面时赢得客户的好感至关重要。

（一）给客户好的外观印象

人的外观形象会起到暗示的效果。试想一下，一位头发凌乱、穿着不整的人站在你面前时你有何感受？因此，销售员要尽量使自己的外表给初次见面的客户一个好印象。得体的服饰，适当的语言，都会给客户留下良好的第一印象。客户的感性因素有时要胜于理性因素，赢取客户感性因素、增强客户对自己的感性认识是每个销售员需要注意和加强的。

（二）要有礼有节，赢得尊重

销售员拜访客户，除了要有良好的外表外，还要讲究礼仪。礼仪是销售员赢得客户的尊重，让销售沟通进行下去的有力保证。销售中常见的礼仪表现在以下诸方面。

（1）握手。销售员迎上客户的同时应伸出自己的右手，身体略向前倾，眼神看着客户的眼睛。握手需要握实，摇动的幅度不要太大。时间以感觉到客户松手为准。

（2）站立商谈的姿势。销售员站着与客户商谈时，两脚应平行打开，两脚之间的距离约10厘米左右。这种姿势不易疲劳，同时头部前后摆动时比较能保持平衡，气氛也能较缓和。

（3）站立等待的姿势。销售人远站立等待时，双脚应微分，双手应握于小腹前，视线可维持在较水平略高的位置，气度应安详稳定，表现出自信的态度。

（4）椅子的座位方法。坐座位时，销售员应从椅子的左侧入座，紧靠椅背，上身不要靠着椅背，微微前倾，双手轻握于腿上或两手分开放于膝上，双脚的脚后跟靠拢，膝盖可分成一个拳头宽，平行放置；若是坐在较软的沙发上，应坐在沙发的前端，如果往后仰则容易显得对客户不尊重。

（5）入座。会客室的入座一般没有一定的常规可循，因此，当客户进来时销售员应站立起来，遵循客户的指示入座。

老C提醒：

乘坐出租车时，客户的位置一般为驾驶座后面的后座，坐火车一般以客户坐顺行方向的靠窗座位为原则。

（6）视线的落点。平常面对面交谈时，销售员的视线应落在对方的鼻间，偶尔可注视对方的双目，当诚心诚意想要恳请对方时，两眼可以注视对方的双目。虽然双目一直望着对方的眼睛能表现出您的热心，但有时也会给人过于针锋相对的感觉。

（7）适度的微笑。销售员在第一次与客户面谈时，态度要不卑不亢，面带微笑。不要太客套，过于客气反而会造成气氛的紧张，使得双方都不自在。适度的微笑可以有效地缓解气氛，有助于营造轻松的氛围，提高成交率。微笑时应大方得体，千万不要用手捂嘴大笑。

（8）交换名片。名片一般应放在衬衫的左侧口袋或西服的内侧口袋里，也可以放在随行包的外侧，尽量避免放在裤子的口袋里。出门前要注意检查名片是否带足，递交名片时注意将手指并拢，大拇指夹着名片以向上弧线的方式递送到对方胸前。拿取名片时要用双手去拿，拿到名片时轻轻念出对方的名字，以让对方确认无误。拿到名片后，仔细记下并放到名片夹的上端夹内。同时，交换名片时，销售员也可以右手递交名片，左手接拿对方名片。

（9）手的指示方法。当需要用手指引样品或者模型或接引客人指示方向时，食指以下应靠拢，拇指向内侧轻轻弯曲，指示方向。

（10）体味。在拜访客户前，销售员可以使用一些具有清新气味的香水，切忌味道浓烈。如果下午要去拜访客户，中午就不要吃有异味的东西了，记得饭后漱口，最好嚼块口香糖。

（三）要注意客户的情绪变化

感情、工作压力等因素都会影响一个人的情绪，人都有高潮期和低潮期，客户的情绪变化是我们无法提前知道或掌控的，所以若是初次见面的客户，正好赶上客户发脾气，或者观察到客户注意力不集中、情绪低落时，销售员最好体谅一下客户的心境，适时另约会面时间，迅速礼貌地告退，以免引起客户的厌烦。

（四）记住并常说出客户的名字

名字的魅力非常大。每个人都希望别人能够重视自己，重视名字就如同重视本人一样，谁都不喜欢被别人叫错或写错自己的名字。有经验的销售员在去见客户之前都先会打听好对方的名字，甚至会先把对方的名字分析一番。

第二步　开启双方交谈的话题

合适的开场白不但能迅速建立一种情境，营造一个，轻松愉快的气氛，还能让客户愿意静下来聆听你的介绍，以引起客户的注意和兴趣，减小双方的距离感。销售员应该如何说好第一句话，如何开启双方谈话的话题，如何有意地去设计开场白呢？以下提供几种合适的解决方案。

（一）初次见面客户

销售员若与客户之间是初次接触或彼此不是很了解，一般用“自我介绍＋一般利益陈述”即可，也就是简明扼要地介绍自己所提供的产品或服务所具备的综合性好处。

下面是销售员刘×与李经理初次见面的情景：

刘：李总，您好！我是××公司的销售员的刘×，感谢您在百忙之中挤出时间接见我。

李：你好！（握手）

刘：我们公司是做管理培训的，可以根据贵公司的需求制定相应的培训方案来提升贵公司员工各方面的素质！

（二）非初次见面的客户

对于非初次见面的客户，往往是要解决某一问题或就某一细节进行探讨，开场白要相对简单些。一般采用“寒暄＋特殊利益陈述”。特殊利益陈述就是要告诉对方本企业的产品或提供的服务的某项特点正好满足客户的需求或某项规则不能让步等。

（三）合适开场白设计

1. 以真诚赞美开场

赞美客户，一来可以获得对方好感，二来也是一种情感铺垫。赞美客户被看成是销售员的一项职业素养，因为对于销售沟通的确有很好的帮助。毕竟，人们不会对赞美之词产生反感。例如：

“南先生，早听说您是一位儒商，今天一走进您的办公室，就感受到了浓厚的书卷气息，真是名不虚传啊！”

“陈经理，如果不是您的秘书介绍，我真不敢相信这样一个大公司的领导者竟然是一位如此年轻的女士！"

"李总，我刚才在报纸上看到您的消息，祝贺您当选十大杰出企业家！"

2. 以提出问题开场

这种开场白的重点是，销售员要找出一个对客户的需求有关系的，同时又是自己产品能使客户满足而会正面回复的问题。比如：

"您看过我们的产品吗？我们的设计可为你每年在生产上节约5万元成本的。"

"敝公司派我专程来拜访您，您觉得我们这种产品怎么样？（连续发问，使客户注意自己的产品）"

老C提醒：

在运用提出问题作开场白时，销售员应注意自己所提的问题，应是对方较关心的；而且所问必须明确具体，不可言语不清楚、模棱两可。否则，很难引起客户的注意。

3. 向客户求教开场

销售员利用向客户请教问题析方法来引起客户的注意，有些人好为人师，总喜欢指导、教育别人或显示自己。对于这样的客户，销售员可有意找一些不懂的问题向客户请教。比如：

王总，在计算机方面您可是专家，这是我公司研制的新型电脑，在设计方面还存在什么问题，请您指教指教！

受到这番抬举，对方自然会接过电脑资料，一旦被资料中先进的技术性能所吸引，销售也便大功告成。

4. 强调与众不同

销售员要力图创造新的推销方法与推销风格，用新奇的方法来引起客户的注意。

日本一位人寿保险推销员，在名片上印着"76600"的数字，客户感到奇怪，就问："这个数字是什么意思？"推销员反问道："一般人一生中吃多少顿饭？"几乎没有一个客户能答得出来，推销员接着说："76600顿！假定退休年龄是55岁，按照日本人的平均寿命计算，您还剩下19年的饭，即20805顿……"这位推销员用一个新奇的名片吸引住了客户的注意力。

5. 以引证别人的意见开场

如果销售员的客户是从某种关系得到的，比如朋友介绍，那开场时就要利用这种关系，以快速增进彼此的熟识感。例如：

"刘总，您的朋友××让我来见见您，跟您谈一个感兴趣的话题。"

"张小姐，您的老同学××托我向您问好，她说您一定会对我们的产品感兴趣，所以我就冒昧的来了。"

6. 给客户提供信息

销售员向客户提供一些对他们有帮助的信息，如市场行情、新技术、新产品知识等，会引起客户的注意。这就要求销售员能站到客户的立场上，为客户着想，尽量阅读报刊，掌握市场动态，充实自己的知识，把自己训练成为这一行业的专家。客户或许对销售员应付了事，可是对专家则是非常尊重的。例如：

对客户说："我在某某刊物上看到一项新的技术发明，觉得对贵厂很有用。"

销售员为客户提供了信息，关心了客户的利益，也获得了客户的尊敬与好感。

7. 以赠送礼品开场

很多产品为使客户容易接受，会附赠一些小的礼品。销售员可以利用这些价值不高，但能博人好感的小礼品打开局面。即使产品本身没有礼品，销售员也可以想办法自己准备一些，但尽量使礼品跟销售的产品有关系。

8. 以展示物品开场

客户的购买行为日趋成熟，牢牢把握着"耳听为虚，眼见为实"的原则。对此，销售员可以用样品、图片或具体模型来打动客户。这样做使产品同客户距离拉近，更容易引起购买欲望。

第三步　营造轻松的沟通气氛

在拜访时，轻松沟通的气氛有助于产品的推销，而这一气氛有赖于销售员自己去营造，具体的方法有：

（一）保持安全距离

防备心理，是人类的自然本性。经研究表明，75cm～100cm 是人们感到最舒适的距离。销售员要记住，安全距离以内的空间只能留给最亲近的人，像亲人或好朋友，销售员初次拜访，自然不可"越雷池半步"。

销售员小张在岗前培训时，老师特别强调初次拜访时要同客户保持安全距离。

小张谨记老师教导，又加上第一个客户是位女士，入座时小张就选择了距离客户比较远的椅子。坐下后才发现自己和客户坐在了会议桌的对角线上，你一句我一句像在进行势不两立的谈判，给客户递资料也很不方便，别看来回十几步路，总觉得异常别扭。结果，这次拜访就在不尴不尬的气氛中结束了。

任何事情都是过犹不及，销售员同客户最好不要超过 150cm 的距离，否则非但气氛没有，连沟通都会产生障碍。

（二）说话不要过多也不可过少

话太多的销售员，容易使客户产生喧宾夺主的感觉；而话太少，又容易造成沉闷、尴尬的气氛，让客户觉得不自在，甚至是压抑。

销售员要掌握说话的分寸，就要针对自己的说话习惯进行调节。情况不外乎两种：

1. 销售员是个健谈的人

很多销售员都有这个特点，说起话来滔滔不绝，没完没了，听众已经厌烦了，他自己却还眉飞色舞一点都未觉察。对于这种人，很难在谈话中自行刹车，但是可以选择总结性的方式来跟客户交谈，这样能很好控制话量。

例如：这款面膜能够收缩粗大毛孔，增加皮肤细腻度，同时可以 12 小时锁住皮肤水分，现在买还会送您 2 片新推出的红酒面膜。

2. 销售员是个安静的人

安静的人喜欢默默融入到大的氛围当中，总在潜意识中避免别人注意，想得很多但说得很少。对于这种情况，销售员可以有意识地多使用形容词，多找机会给客户介绍产品，以使气氛活跃一些。

例如：这款面膜主要有三大功能，最突出的就是收缩粗大毛孔，因为面膜中含有活性炭元素，对积存毛孔的污垢能像磁铁一样吸收。而且面膜中富含多种果维素，提供皮肤需要的各种营养，想想营养充足，皮肤怎么会没光彩呢！最后，这款面膜还有很好的补水功能，正如广告中所说的“喝饱水的皮肤水灵灵”……

（三）声音不宜过大，彼此能听清即可

语速快慢适中，过快过慢都不可取；说话时要有停顿和间隔，以提高语言的表达效果。同时，声音不能过大，过大容易让客户产生被压迫的感觉；声音太小，客户会认为销售员不自信，并进一步怀疑产品的质量。

小 E 是销售助听器的。一次，他到客户家作拜访工作。

客户戴上后，听到小 E 扯着嗓门跟他讲话，就很不高兴：“难道你认为我的听力这么差劲吗！”

小 E 被赶出门，之后找到了第二个客户。

客户试着戴上助听器，销售员吸取了教训，这次很小声地跟他讲话，但因为声音太小，以致客户没有听清楚。

客户抱怨道：“你的助听器根本帮不了我任何忙。”

结果，小 E 再次被赶出门。

由此可见，声音太大或过小都不足取。

老 C 提醒：

“大嗓门”对策：

（1）说话有意识地让口形小一些。

（2）无论多急切的事情，都避免喊叫。

（3）经常听一些轻音乐，和朋友聚会选择安静的咖啡厅或茶社。

“小蚊子”对策：

(1) 晨练时尝试大声叫喊。

(2) 多同听力欠佳的老年人交谈。

(3) 每次说话，有意识的让口形大一些。

(四) 安全转移话题

销售员在拜访客户中，无论开场多么精彩，气氛调节得多么好，都是销售洽谈的铺垫，要知道面谈的目的就是卖出产品。

因此，当客户同你热烈讨论足球赛事或滔滔不绝抱怨工作压力时，销售员要主动转移话题，把客户注意力集中到业务合作上来。转移话题的通常有以下3个步骤：

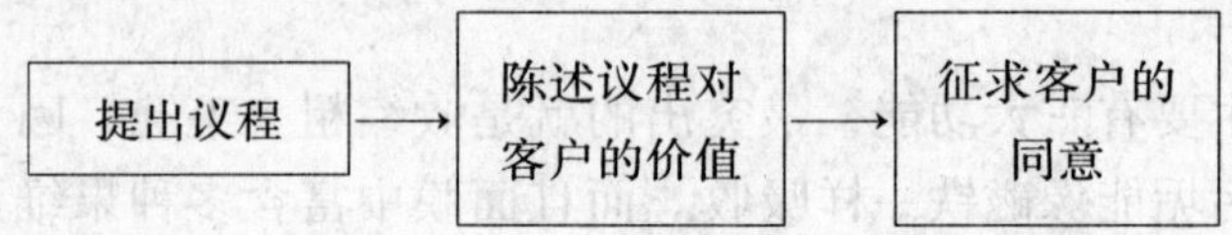

1. 提出议程

提出议程就是向客户表明此次拜访的目的，这能快速进入销售话题。

小章是个音响销售员，第一次拜访的客户是个电影迷，他滔滔不绝向小章讲起了法国电影新浪潮运动，从发起到高潮，讲得不亦乐乎。

小章一边表示对客户专业度的赞赏，一边说：“张先生，我也经常淘碟看，但一直没找到《筋疲力尽》和《四百下》。”客户立刻道：“那可是新浪潮的代表之作，我这里有，你现在要看吗?”

小章：“我当然很想看，无奈我得先工作不是？这样，我先给您介绍一下我们公司的音响，如果有时间我们再讨论一下新浪潮怎么样?”

销售员不能由着客户展开一些跟销售进程无关的话题，万一客户进入“忘我状态”，销售员有必要提醒对方双方见面的目的。

2. 陈述议程对客户的价值

主要是向客户说明产品的好处，不然，凭什么让客户来关注产品呢。

(接上例) 若客户听了小章的提议，耸耸肩膀，有点兴味索然。

小章立刻说：“其实，张先生这么喜欢看电影，怎么能对音响效果没有要求呢。我们有几款家庭影院非常不错，您现在购买还有优惠的折扣，这是实物图片，您如果感兴趣，我将详细介绍。”(将准备好的资料递给客户)

在这个过程中，销售员可以充分发挥样品和资料图片的作用，以引起客户购买兴趣。

3. 征求客户的同意

即销售员征求客户同意议程，以便开始会谈。

看完图片，客户觉得几款产品都不错，默认了小章的提议。

小章见机立刻展开销售陈述，成功将一套家庭影院卖给了客户。

也许有的销售员对话题转移的“三步走”很不以为然，觉得有第一步就够了，后面实在画蛇添足。殊不知强行转移话题，客户通常不会买账，结果成了销售员唱独角戏，自然没什么可唱的了。

第四步　制造再次拜访的机会

销售拜访一次成功的几率不是很高，尤其是一些大宗消费品，销售员为拿订单，总得让自己的双腿忙活一阵。

鉴于这种情况，销售员在第一次拜访时，就要为第二次、多次拜访做些铺垫。这种工作的价值是，能很好地避免潜在客户流失。具体方法如下：

（一）未来判断

刘晓是台布销售员，在××饭店进行客户拜访时，发现这家饭店在该地区口碑非常好，而且开了多家分店，于是就主动向对方经理请教。

经理说：我们饭店从明年开始就要以此为中心，向全国辐射性建立分店，到时肯定要订制更多的台布。

刘晓接着问对方对台布市场有什么看法，经理说：隔行如隔山，但我也知道你们供应商除了价格战外，就是花稿战。照我看，明年的台布市场可能是单色、纯色的天下，像嫩嫩的草绿色，特别能活跃视觉。

刘晓听在耳里记在心中，次年该饭店向全国进军时，她带着精心准备的纯色系列花稿又来拜访那位经理，尤其是经理提到的那种嫩绿，有十几种选择，令对方看了大喜过望，当即就挑选了几种说供大家再选择。

所以，优秀的销售员，就是通过各种途径，从第一次拜访中判断未来的合作前景，从而培养出长久客户。

（二）不过早下结论

即使客户明确表态没有购买意向，销售员也不要立刻把对方排除掉，因为此时下结论，为时过早。

有一个销售员敲开一家住户的门。

销售员：您好，太太！要不要为您的丈夫换把新剃须刀？

客户：抱歉，我刚刚离婚！

销售员耸耸肩膀离开。

第二天，又有一个销售员敲开这户住家的门。

销售员：您好，太太！圣诞节到了，为您丈夫换把新剃须刀吧！

客户：我刚离婚，不需要剃须刀！（非常生气。）

销售员：哦，很抱歉！不过，您也许会很快开始新的生活。这是我的名片，如果您需要，请打电话，我将为您提供满意的服务。

不久，第二个销售员果然接到那位太太的电话，正如销售员所说，她遇到一个好男人，所以要为他换把好的剃须刀。

这个世界上所有事物都在不断变化发展。销售员在拜访中遭受拒绝不可避免，但也不要因此就放弃客户。要有一种“明天客户”的概念，给客户留下名片或资料，对合作表示一定的期待。

（三）借缘故再访

销售员首次拜访没能取得良好效果，在客户没有提出进一步洽谈而销售员很想再谈的前提下，可以找些缘故、借口，制造再访机会。

李义是化工原料销售员，首次拜访××公司。

采购经理：你们的报价太高了，而且我们近期也没有进货计划。

李义：那倒没有关系，来日方长嘛。主要这次没把2R50乳胶带在身上，不如让我拿样品来，你们看看实验效果。

采购经理：没这个必要吧。

李义：其实，像你们这样的大客户，公司有价格优惠的先例。这样，我跟领导研究一下，明天或后天咱们再聊聊，顺便还可以看看样品。

采购经理：那好吧。

客户可能只是为了快点结束拜访，才随意敷衍销售员，但李义抓住这样的机会，两次有意识地为再访做铺垫，第一次被拒绝后，他再接再厉，终于在第二回合将客户拿下。

要知道，二次拜访并不只是一次简单的拜访，而是一个合作的可能性。况且有了一次拜访的了解，下一次会更有针对性，成功几率也大很多。

老C提醒：

再访的恰当借口有：

（1）假装忘记带什么东西，例如资料、图片、样品等。

（2）请示领导，争取更优惠条件。

（3）针对客户意见，对合作方案进行修改，并表示很快反馈修改方案。

三、实操演练

1. 实操背景（本次实操演练以学会用合适的方式开场为例）

小泉是电动牙刷的销售员，××商场日化部采购经理是他的潜在客户。

小泉一大早就来到××商场拜访，因为之前没有预约，小泉不知道经理周一有例会。小泉只好等着，一等就到了中午。会议完毕，经理要同一商业伙伴共进午餐，小泉只好表示下午再谈。直到下午三点钟，小泉才见到经理。

2. 实操过程

小泉在进到经理的办公室后，他看到桌上放着一张杜汶泽的宣传画，就对客户说："×经理，没想到还对杜汶泽感兴趣啊?"

经理：平常工作压力大，没事的时候轻松一下吧！

小泉：我对杜汶泽也很感兴趣，早在《江湖告急》中演那个小明星时就让人印象深刻。

经理：他现在新片《伊莎贝拉》中更是好评如潮。

小泉：没想到你在百忙中还知道那么多的资讯。

经理：那是，因为很喜欢他的风格。

于是经理接着滔滔不绝地向小泉讲起关于杜汶泽的种种，不亦乐乎。结果将小泉的正事抛在脑后了。

3. 模拟时间

1 个课时。

4. 角色扮演

2 个人扮演。销售员 1 人，经理 1 人。

5. 效果要求

学员学会以电动销售员的身份进行客户拜访，设计恰当的开场白。

工作任务二　巧妙陈述产品

老C：销售陈述是指销售过程中，销售员在巡回展出、技术交流以及拜访客户时，用一段完整的时间清晰而全面地向客户进行产品和服务等方面的介绍。

小C：产品陈述就是介绍产品吧，这个按说明书介绍下不就可了吗？

老C：按说明书销售产品的话，我看你还是别从事这个行业了！

小C：为什么？

老C：销售陈述是销售员最应重视，也是应用最多的一个步骤，一定要认真对待。若陈述时没有侧重点，吸引不了客户，更别说交易成功了。

小C：我对产品陈述的认知的确有问题，那么如何才算成功的产品陈述呢？

老C：成功的产品陈述可通过这几个途径达成：

首先，要用利益打动客户，也就是客户能得到什么利益；

其次，用语言包装产品，以便产品有声有色；

再次，用示范促成交易；

最后，用策略应对尴尬，以便巧妙处理临场问题。

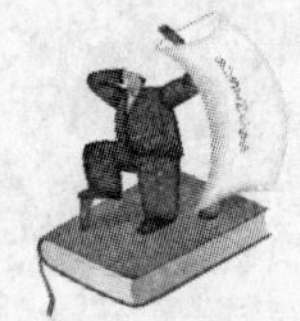

一、基础知识

销售人员在向顾客陈述产品时，应注意相应的策略。

（一）用利益打动客户

销售陈述有两个主要点，其一是产品特点；其二是产品利益。作为销售员在向客户陈述前应该把两者准确区分开来，同时在陈述中有所侧重。

1. 区分产品特点与利益

产品的特点和利益是互相不同的两个概念。产品特点，指的是产品本身所固有的特征，如材质、结构、尺寸等等；而产品利益，则是客户从购买产品上得到的价值，也就是产品的特点能给客户带来哪些方面的好处。

一般来说，产品的特点是一目了然的，就拿电磁炉来说，它的特点是电力工作、热效率高、功能齐全、体积小等等，而这每一个特点又对应着一个利益点，具体如图 3－1 所示：

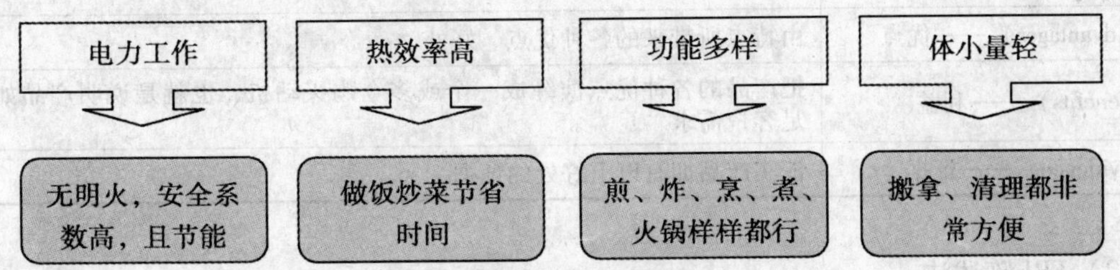

图 3－1　电磁炉特点与利益点对应图

产品特点是其本身所具备的，而利益则是特点所能带给客户的好处，这两方面区分起来其实并不困难。

2. 强调客户利益

销售员在向客户介绍产品时，免不了特点介绍，但不能一味地罗列特点，这是很多销售的误区。认为特点讲得越多，客户对产品认识就越全，进而购买希望也越大。其实并非如此，客户最想知道的是产品能带来什么好处，也就是产品的利益点，因此在销售陈述时，特点为轻，利益为重。

还是以电磁炉为例进行说明。

销售陈述一：

电磁炉顾名思义就是用电工作的，热效率高，功率可达 1900 瓦。功能非常齐全，能满足基本的烹饪需求。而且，它的体积比较小，没有多少重量，符合现代家电轻巧趋势……

销售陈述二：

这种××品牌的电磁炉能煎、能煮、能炒、能炸，冬天想吃火锅也没问题，真正的一灶多用。功率从 70 瓦到 1900 瓦不等，想快就快，想慢就慢，一切都在掌握之中。再说它用电工作，没有明火，使用起来安全放心……

第一种陈述注重电磁炉的特点，第二种则倾向于利益介绍，对比来看，客户显然更喜欢后一种。

3. 特点与利益转换技巧

很多时候，客户给销售员陈述的时间有限，销售员如何在很短的时间里成功陈述产品呢？最直接最有效的方法之一就是完整地把产品特点转换为产品利益，让客户在第一时间了解他能得到什么。

（1）转换的 FABE 法。

FABE 法就是教销售员如何按部就班将产品特点转变成产品利益，而且这个转换的过程自成体系，有滴水不漏的完整性。它不但实现了转化，还同时进行了论证，有理有据，说服性比较强。FABE 法具体如表 3－2 所示。

表 3-2 FABE 法

类别	具体说明
F（Feature）——特点	产品所具有的各种特点
A（Advantages）——优点	由特点所带来的各种优点、好处
B（Benefits）——利益	把产品的各种优点演绎成一个或多今购买动机，也就是说明产品如何满足客户需求
E（Evidence）——证据	证实产品拥有以上好处的证据

（2）FBI 陈述法。

FBI 陈述法就是简单用语言表达三个步骤。先说明产品的卖点、特点等等实际情况，然后将这些事实加以解释、说明，并给予适当评价，阐述客户从中所能获得的利益。最后用 F、B 给客户观念上的冲击，进而使客户产生购买欲望。（具体如图 3-2 所示）

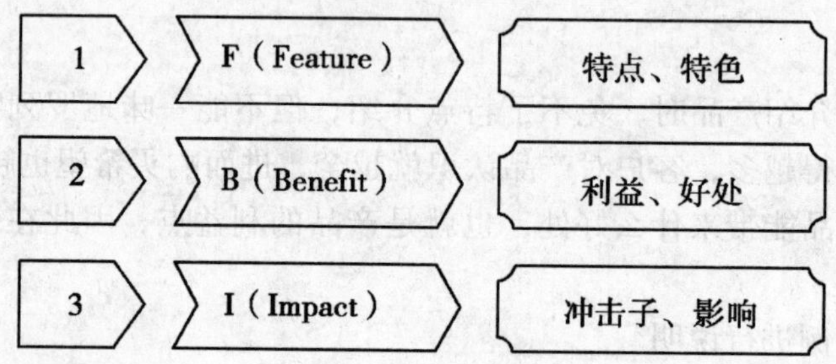

图 3-2 FBI 陈述法图示

老 C 提醒：

运用 FBI 的重点是：第一要掌握好三段论的阐述方式；第二要销售员对所售产品知识有全面的了解。

（二）用语言包装产品

产品没有嘴巴，嘴巴长在出售产品的销售员身上。会使用语言的销售员能够把产品介绍得有声有色，并打动客户实现购买。

1. 语言包装方法

销售员用语言去包装自己的产品，如何让整个过程更加有趣，就要掌握正确的语言介绍法。不同的产品适用不同的语言介绍，不同的语言介绍满足不同口味的客户，销售员在实际操作时，要针对自己的产品进行选择，这样才能达到最好的效果。

（1）列举数字法。

在销售实践中，有很多销售员善于运用产品数据说明问题，你说产品能给客户赚钱，那能赚多少钱呢？你说产品能给客户节省开支，那又能节省多少开支？销售员拿出数据来，不由得客户不相信、不动心。

以下就美的电磁炉销售员在向客户介绍产品时用列单数字法为例进行说明：

实验证明，采用“5D全高效节能”系统的××电磁炉，热效率高达94.36%，将1千克水从250摄氏度烧到1000摄氏度，只需要4分21秒，传统煤气灶则需要5分33秒；如果就按烧水做推论，一年下来，××电磁炉平均大约比普通电磁炉省34.56元，比普通燃气灶约省432.96元。

在运用数字列举法介绍时，数字的选择要直接跟客户看得见的实际利益挂钩，比如能省多少电，能省多少钱之类的。

（2）讲故事法。

通常，故事具有很强的吸引力，这点对客户也不例外。

凉茶在南方一带很受欢迎，但开始在北方就很少有人知道。

凉茶销售员小B初到北方S市开发市场，他见到客户并不着急介绍产品，而是先讲故事。说清朝嘉庆元年，有位叫做王吉的医生在广州开药店，一边行医，一边经营一种凉茶。有一年，南洋群岛发生流行性感冒，病人很多。王吉就献出自己的凉茶药方，许多病人喝完，竟然很快恢复了健康。于是凉茶名声大振，很快流传到东南亚一带，受到海外华侨的追捧。

客户听完故事，总是会问为什么这个凉茶能治病？销售员就趁机讲凉茶的制作配方及其功能，将客户吸引住，客户在不知不觉中就接受了产品。这种方法，比较适合那些文化性品牌，而且有一定的历史资料可以挖掘。不过，销售员可不能随意编造故事，因为客户不是三岁小孩，哄骗他们是要付出高昂代价的。

2. 产品介绍避免满口术语

销售员在对客户进行产品介绍时，无论采用什么方法，目的都是让客户了解产品，所以，要用客户听得懂的语言去介绍，而不是满口术语，让客户如坠云雾之中。

英国有位老太太想送孙子一件成年礼物，想来想去觉得买辆汽车比较合适，但她本人对汽车毫无了解，于是打电话给汽车销售员。

汽车销售员就问老太太：您的孙子爱好广泛吗？MPV是不错的选择，或者SUV对年轻人更有吸引力，开着比较威风；RV也不错，可以休闲娱乐，也可以旅行。当然，如果您的孙子是个完美主义者，就要考虑买辆零公里汽车；如果是个环保主义者，就买辆零排放汽车吧；假如他喜欢怀旧，您送辆老爷车，我保证他会欣喜若狂……

老太太没听其介绍完就“啪”地挂上了电话。

这样的介绍，不用说一个老太太，就是普通对汽车没有专门了解的客户也听不明白汽车销售员在说什么车，更别说购买了。

所以，销售员要知道自己是专家而不是技术人员，销售陈述的目的是让客户了解产品，而不是显示自己有多么高深。尤其是在介绍一些技术性强的产品，像电脑、数码相机等时更应注意此点。

（三）用示范促成交易

销售示范，就是销售员通过一定的方法，将产品优点、利益等展示给客户，客户在一目了然的情况下，也就“此时无声胜有声”了。

1. 产品示范优势

多年以前，某地的酋长们为了争地盘不惜大动干戈。久战不休，后来有人提议战胜敌人的最好办法就是给水源投毒，最终，敌人到底是撤退了，但自己也没有水喝了。

一个公司从中看到了商机，迅速开发出一种过滤器，可以把水中的毒素过滤掉。同时，该公司派出一个销售员，并给他2万台的艰巨销售任务。三个月后，这个销售员却带回了4万台订单。

公司老总很吃惊，问他怎么办到的。销售员说，很简单，我把酋长们召集到一起，当着大家的面朝过滤器上撒了一泡尿，然后我自己喝了。酋长们便立刻跪在地上高喊“真主”，之后就下了订单。

通过上例可以看出，这个销售员根本没有介绍产品，但用自己的行为证实了产品的功能，说服力够强，订单自然也就有了。所以，这也是“事实胜辩”的最佳例证。因为在销售实践中，单纯运用语言并不能解决所有事情。比如：

（1）产品的很多特点、好处用语言无法完全表达。

语言是抽象的，所以不是万能的。例如，销售员介绍一种懒惰椅子，告诉客户这种椅子最大的优点就是舒适，但客户无法凭借“舒适”两个字体会到椅子的好处。

（2）耳听为虚、眼见为实的传统观念。

通常，人们受“耳听为虚、眼见为实”的传统观念影响，销售员越是把自己的产品说得天花乱坠，客户就越不相信，只有让客户看得见，才是眼见为实。

销售示范是对语言介绍的有力证实。语言介绍传播的，是信息，销售示范则用来证实这些信息，这既解决了产品利益说不出来的问题，又解决了说出来不信的问题。

2. 销售示范常用方法

（1）体验示范法。

许多超市食品区有专门的品尝点，客户可以先尝后买；同样，大家去购买服装，总得穿到身上看了效果，才决定是否购买。吃着好吃，穿着好看，不用销售推销，大家也会掏钱购买，这是体验的优势所在。

有个销售员要卖一种具有护齿作用的口哨糖，到了××小区后，销售员首先召集了很多年龄在12岁以下的小朋友，发给他们每人一块糖，比赛看谁吹得更响。

小孩子爱吃糖又比较贪玩，自然争先恐后，顿时小区里口哨声响成一片，大人也被吸引了过来。孩子吹得高兴，就要求父母购买。

这时，销售员及时向这些父母介绍口哨糖对牙齿的保健作用，虽然价格略高，但大人经不住小孩的纠缠，又加上糖的保健功能，十有八九当场就买了。

在运用体验示范法时要注意以下要领：

①产品好处要有立竿见影的效果，例如：口哨糖能不能吹口哨，吃一下立刻就知道。

②用立竿见影的体验结果去带动其他产品利益，例如：糖是否能吹哨、是否可口，孩子吃了就可以判断；能否保护牙齿，却是一时体验不出来的，所以用前者推后者，会容易很多。

（2）表演示范法。

销售员可以学习一些表演技巧，将它们运用到销售示范中，能增添销售示范的戏剧性。其效果是语言介绍无法企及的，能极大激发客户的兴趣。

运用表演示范法如何增强表演的可看性呢？

①如果可能的话，请知名人士进行表演，例如：影视明星。

②增加难度、刺激性、诱惑力，例如：胶水不但能粘人，还可以粘一枚金币，谁能拿走就是谁的。

③在表演时采取一些助兴措施，例如：大街小巷卖刮皮刀的，总有一串幽默的顺口溜。

（3）对比示范法。

“不怕不识货，就怕货比货”，产品好不好，与市场同类产品比较一下，高下立见分晓，哪还用得着苦口婆心去解释说明呢。

有个推销洗衣粉的销售员，每次登门拜访都穿着一双非常脏的皮鞋。

敲开客户家的门，销售员就会拿出两块手帕，一块擦左脚上的鞋子，一块擦右脚上的鞋子，直到把两只鞋子都擦得非常干净。

客户看到销售员如此礼貌，很难拒绝拜访，只好让销售员进门。这时，销售员就向客户借一些家用洗衣粉清洗一块手帕，用自带的洗衣粉清洗另外一块手帕，然后让客户自己观察两块手帕的清洗效果。

客户会发现，第一块手帕清洗完毕后留下了淡淡污渍，第二块却没有任何痕迹，像新的一样。这时销售员趁机将产品介绍给客户，75%的客户都会掏钱购买。

在运用对比示范时需掌握以下要领：

①跟同类型产品对比，例如洗衣粉不要同肥皂比，以免说服力受影响。

②对比要突出自身产品的优势，例如洗衣粉不要对比颗粒大小，而要比清洗效果如何。

③要比较效果明显的点，例如，洗衣粉不要对比清洗后衣物的柔软度，因为区别不明显。

二、实操过程

第一步　搞清陈述前的相关问题

每个销售员在进行陈述前，首先要搞清楚三个问题（见图3－3）：

图3－3　陈述前的三个问题

问题一：是什么吸引了客户

销售员进行陈述的最终目的是卖出产品，但最终能吸引客户购买的却未必只是产品本身。

"二战"时，美国军方推出一个保险计划，每个士兵每月交10元投保，万一战死前线，他的家属将获得1万美元的赔偿。

连长把这个保险介绍给全连兄弟，认为大家会踊跃购买，没想到却无一人报名。这时，一个老兵站起来对大家说，弟兄们，假如我们购买保险，战死沙场，将得到1万美元赔偿；假如我们没有购买保险，在前线被打死后一分钱也得不到。大家请想一想，政府会派那些死了要赔1万美元的士兵上前线，还是会派死了也白死的士兵上前线？

结果是不言而喻的。但同样一个保险，为什么从连长嘴里说出来无人问津，而从老兵嘴里说出来却成了抢手货？原因很简单，连长干巴巴地卖保险，而老兵告诉兄弟们，10块钱能够保住自己的小命。对于战争中朝不保夕的士兵来说，还有什么比生命保障更有吸引力的事情？

所以，销售员在陈述产品前，务必要搞清楚，所卖产品哪点能吸引客户。

问题二：客户为什么要买你的产品

同样的产品，不同人购买有不同的动机。比如一辆汽车，有人买是为了代步、方便，有人则是为了显示身份，还有人仅仅是为了追赶潮流。总之，不管销售员出售什么产品，客户所购买的都不仅仅是产品本身，而是产品所带来的好处。

问题三：你的产品能否满足客户的需求

很多销售员见到客户后，立刻告诉客户他的产品是什么样子的，什么原理，有多少款型可供选择，价格多么优惠……可惜说了半天说得口干舌燥，客户就是不为所动。这里有两份电磁炉产品介绍：

第一份介绍：

第一部分：电磁炉是什么，它是无需明火或传导式加热的无火煮食厨具。

第二部分：介绍工作原理。电磁炉通过电子线路板组成部分产生吏变磁场，当把含铁质锅具底部放置炉面时，会切割产生交变电流，导致锅具铁分子高速无规则运动，以致分子互相碰撞、摩擦产生热量。

第三部分：电磁炉不适用于铜、铝、陶、玻璃等锅具和容器。

第二份介绍：

第一，电磁炉体积小，外观优美，方便整洁。

第二，用电工作，无明火，安全系数高。

第三，煎、炸、烹、煮、火锅样样都行，是真正的烹饪之神。

相信销售员以第一种内容向客户介绍，卖出产品的机会很小，如果是用第二种，那就大得多，因为第二份介绍完全以满足客户需求为中心。故此，销售员在卖任何产品前，都要先问问自己所卖产品能满足客户何种需求。

第二步　确定陈述的目标及次序

销售陈述的目标就是卖出产品，但卖出产品不仅是陈述的目标，还是所有销售环节的目标。因此，在具体的销售陈述阶段，有它区别其他销售环节的使命。

1. 销售陈述的目标

（1）客户通过销售陈述能清晰地了解到什么？

（2）应该创造何种气氛，让客户对产品产生何种感觉？

（3）听完陈述后客户将做什么？

2. 完成陈述目标需要注重优先次序

每个产品都附加很多信息，但这些信息中有客户需要知道的，也有客户不需要知道的，有客户非常关心的，也有对客户无所谓的。销售员在陈述产品信息时，有必要将已知信息进行分类，按照先后顺序进行排列。（具体如图 3－4 所示）

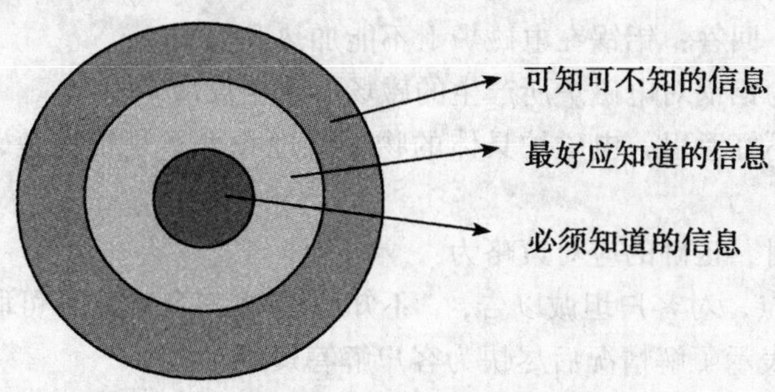

图 3－4　信息分类排序图

从上图可见，首先在圆心部分是客户必须知道的信息，其次是最好应知道的信息，再次是可以知道也可以不知道的信息。陈述顺序，自然是从内到外。

小C：尽管我在陈述前做了充分准备，但具体操作时，还是会出现一些临场问题。对于这些意外事件，我该怎么处理呢？

老C：是啊，这些意外事件如果不能快而好地进行处理，不仅让自己陷入尴尬的境地，而且还可能丢了客户。以下是我以前工作中常遇到的尴尬及应对策略，看对你能否有所帮助。

尴尬一：被客户“问倒”

销售员要做产品专家，但销售员也不是“万能博士”，不可能掌握所有关于产品的知识，所以万一被客户问倒，也不必慌张，关键是采取怎样的应对方法。

电磁炉销售员向客户展示了炉灶的功率选择、定时、烹调方式选择等功能，他们之间对话如下：销售员：您看，电磁炉体积很小，用完了随手用抹布一擦就可以了，非常方便。不过，这种灶具只能用铁质或不锈钢锅具……

客户立刻问：那铝的也不行吗？(问题1)

销售员：不可以。

客户：为什么呢？(问题2)

销售员：用铁锅做饭还能补铁，也没什么不好的呀。

客户：可是我们家很多铝锅，再说这个不是用电加热吗？关锅什么事情？(问题3)

销售员：反正，您按说明书上做就没问题啦，再说我们的产品附赠两套锅具，您还有什么担心的！

这个销售员并没有弄明白电磁炉工作的物理原理，但却偏偏碰到一个打破沙锅问到底的客户，销售员的表现的确欠佳。因为他自始至终都没有解决客户疑问，并且不作任何交代，只一味回避。在客户那里，疑团也就越来越大，最后导致对销售员失去信心。

错误分析：问题1回答，销售员只表示否决，没说明原因，因为他遇到了一个知识盲点。

问题2回答，销售员不解释客户疑问，转述铁锅好处，规避知识盲点。

问题3回答，销售员直接用“反正”搪塞客户，硬性回避知识盲点。

解决办法：问题1回答：铝锅在电磁炉上不能加热升温。

问题2回答：因为铝锅对电磁炉所产生的磁场不产生反应。

问题3回答：很不好意思，电磁炉具体的物理原理我也不是很清楚，不过，我可以请我们组长来解答。

在遇到此类问题时，正确的应对策略为：

(1) 遇到知识盲点，对客户坦诚以告，“不知道”这三个字并不可耻，但在说出“不知道”之后，销售员要表示了解情况后尽快为客户解答疑难；

(2) 碰到专家型客户，有意测考销售员时，销售员要虚心请教，万不可摆出一副不知道还不想学的无理姿态；

(3) 客户帮助找到知识盲点，无论在什么情况下，销售员都要真诚表示感谢。

同时要注意以下应对禁忌：

(1) 不要企图糊弄客户，因为即使在第一个问题糊弄过去，客户也很快提出一个更深入的问题。另外，如果客户是个专家，会很容易辨认糊弄行为，结局只会更加悲惨；

(2) 不要用“反正”、“总之”之类词语敷衍客户，不负责任地把“皮球”踢回去，客户是绝对不会买账的。

老C提醒：

销售员被“问倒”时，即使采取正确的应对策略，也只不过是做些亡羊补牢的工作。究其根本，还是要销售员加强学习，产品知识无论巨细都要了如指掌，才能“先发制人”，避免出现被“问倒”的尴尬局面。

尴尬二：陈述中断

销售员在陈述的过程难免出现被人意外打断的情形，销售员若无法控制这些“意外情况”，就可能让自己的全盘计划都被破坏。

某日，化妆品销售员小陈登门拜访客户，她给客户准备了一款植物面膜的体验装，因为这款面膜中添加了薄荷成分，做时会有非常清凉的感觉，不但能改善皮肤，还很提神。

进入正题后，小陈按照程序给客户敷脸，这时客户刘太太的小儿子跑来喊着要吃冰激凌。刘太太答应做完面膜立刻带他去吃，小儿子听了悻悻走开。

五分钟后，敷了面膜的刘太太感觉非常舒服，小陈正要趁机详细介绍，小儿子又跑了过来，变本加厉吵闹着吃冰激凌。刘太太哄劝一番，也着急地问小陈还要做多长时间。

小陈说至少还要十分钟，因为时间不够，效果也就无从谈起。但现在刘太大一门心思想着去给儿子买冰激凌，就问：“五分钟可不可以，我以前做面膜也就做个十分钟。”

小陈没办法，只好作出让步。

当陈述出现意外中断时，若销售员处理得当，还是可以补救的。诸如以下情形：

1. 中断时间比较短，客户又十分投入

例如：秘书进来请客户签字，很快离开，销售员可以说，“好，我们继续刚才的话题。”或者“还是按我刚才说的……”因为客户比较投入，带一句话就可以继续陈述。

2. 销售员陈述到关键时刻且是技术性问题时被中断

例如：销售员正讲到电磁炉的工作原理，客户手机响了，接了一个四分钟的电话。销售员可以略为重复前面所讲内容，帮助客户进行前后衔接，像“刚才我说到磁场切割的问题，其实……”

3. 销售员的陈述不断被打断

例如：以上案例中的小陈不能用上面提到的方式解决问题，同时陈述又很难进展下去，即使勉强完成，也不会收到好的效果。

在这种情况下，销售员不妨就此放弃，并约定下次面谈时间。这样客户对销售员产生亏欠感觉，会积极作出时间安排，并在二次面谈中配合销售员工作，交易成功机会反而很大。

4. 在中断前，销售员的陈述并不顺利

例如：销售员由于紧张，在陈述时出了些错误，正感觉失败无疑时，中断反而成了救命稻草，销售员完全可以把握机会，调整状况，重新开始陈述。

老C提醒：

销售员在进行种种中断补救时，主要一点是拉回客户注意力，将客户一时丢失的信息进行选择性补充。当然，如果陈述很难继续，销售员不可勉强，毕竟客户的时间不是为销售员准备的。

三、实操演练

1. 实操背景（本次实操演练以销售示范为例）

小李是 R 化工公司的销售员。公司新近研发出一种强力胶水，小李想去 S 公司销售。

2. 实操过程

小李：张经理，您好！我是上次已经与你预约好的 R 公司的小李！
张经理：哦，我想起来了。
小李：今天我把产品带过来了，现场给你演示看看我们的产品黏度能否达到你们的标准。
张经理：好的。

小李拿出事先准备好的三个各重十多千克的铁饼，在每一个上面各滴一滴自己所带的胶水，然后将铁饼粘在一块木板上面，再将其倒过来使劲晃动，不管多大力度，铁饼就是岿然不动。张经理自己也忍不住试了几下，结果还是照旧。

最后，张经理下了 1000 支的订单。

3. 模拟时间

2 个课时。

4. 角色扮演

每 2 人一组，分为 2 组，也可交叉演练。销售员 1 名，经理 1 名。

5. 效果要求

学员尝试用合适的方法进行产品示范，看谁的示范最为成功。

工作任务三　确保报价成功

老 C：做好产品陈述工作后，接下来就是产品的报价工作了。

小 C：产品报价里面也蕴含很多技巧吗？

老 C：那是，因为价格是影响客户购买的敏感因素，很多销售员就是在此阶段遭遇“滑铁卢”。通常是在洽谈的前期表现很好，但到报价时却慌了手脚。

小 C：我在这个环节也有同样的毛病，把握不了时机与火候，结果前功尽弃。

老 C：那你可得好好学习本节内容了。报价是个非常技巧的事情，最起码得先扫除报价路上的“障碍”才行。

然后就是瞅准时机→严守原则→活用方法，确保报价成功。

一、基础知识

（一）报价障碍的表现

报价障碍是指销售员面对报价时常有的心理障碍，主要表现在以下 3 个方面：

（1）担心自己产品价格过高，把客户吓跑，无法成交；

（2）担心自己的产品不够好，成交后将来客户不满意，被责怪；

（3）担心自己的产品价格过低使客户对产品质量失去信心而不能成交。

（二）克服报价的障碍

克服报价的这种心理障碍一定要先自我排除。对于克服报价的心理障碍，销售员要提前做好以下 3 方面的工作：

（1）销售员要认清自己产品的价值和能给客户带来的利益，增强自己对产品的信心；

（2）销售员在报价之前要有心理准备，要先想到一个问题，价格报高还有调整的空间，价格报得过低可能会因此而失去比赛权——人们总是希望买到物美价廉的东西，客户是永远不会满足的；

（3）换位思考；销售员要想到：你给客户带去的是安全、便捷、美丽、快乐的产品或服务，客户的需求得到了极大的满足，为他解决了问题和困难，付出就该有回报，所以销售员不要心存不安，应该大方地报出价格。

（三）严守报价原则

1. 先价值后价格原则

（1）先价值，是销售前期的工作，一定要跟客户讲清楚产品的价值及给他带来的特殊利益，客户对你所销售的产品价值越了解，费用问题就越会被忽略。

（2）后价格，就是不到最后成交时刻不谈价格，即使是主动上门的客户，也不要马上征询他们的预算问题。

2. 留足彼此空间原则

销售员在与客户面谈时，客户一定会询问价格情况；当销售员出示报价单后，客户肯定会进一步探询“是否有降价的可能”。此时销售员在守住自己的底价的同时，要给客户留出“杀价”的空间，让对方得到“杀价”的成就感。

3. 坚持不轻易降价原则

销售员报价后要坚持自己的价格是合理的，不要做无谓的让步，即使让步也是有条件地让步，不能为了成交一再退却，使客户产生“产品不值钱”的想法。

如果客户提出一个较低的价格（当然高过销售员的价格底线），销售员马上同意的话，客户便会有一种被“宰”的感觉。

一家大的合资企业要购买一套计算机设备和管理系统，双方人员在见面之后就展开了谈判。谈判一开始合资企业的总经理就问该套系统的价钱。当被告知购买这套设备需要500万元时，总经理认为太贵。这时候谈判人员中的一名销售员迫不及待地说：“如果是300万元，您觉得贵吗?”谈判刚开始，销售员就主动把价格从500万元降到300万元，导致谈判对手觉得价格水分太大，最后虽然双方还是建立了合作关系，但是计算机设备和管理系统供应商获得的利润却非常低。

由上面的实例可以看出，销售员在谈判时绝对不能轻易降价，尤其是谈判早期，更不能做太多的让步，这样不仅对自己非常不利，而且对整个谈判达成双赢也非常不利。

4. 把价格抛给对方原则

在有些情况下销售员可以采用“一次出价探底价”的策略，这样可省掉很多麻烦。例如，在市场上居于优势、对手很狡猾、对行情和商品不如对方熟悉等情况下，可以单刀直入地坦言：“我的产品就是这样，如果你有心要，给个价格，如果合适就给你，太低也只能‘买卖不成仁义在’了”，把头疼的价格问题交给客户来伤脑筋，探出客户能承受的最低价，然后再决定成交与否。

二、实操过程

第一步　瞅准报价时机

正确的时间做正确的事，会事半功倍。产品报价也是如此，要选择好时机，不可小视销售的每一个环节。以下列出几个常见报价的时间点，供销售员洽谈时参考。

（一）对方出价后报价

如果客户对销售员的产品或者服务非常感兴趣或比较熟悉，有时客户会给出一个价格来试探销售员的底价，这时销售员要沉着，不要兴奋得太早，应把握好客户的真正意图，给其讲明白你的产品价值所带来的利益，然后再适时说出产品价格。

（二）在谈判的后期报价

价格是影响客户购买的最敏感因素，在整个谈判过程中，客户可能会制造很多麻烦和问题，竞争对手也会给谈判制造各种压力，因此销售员不要急于报价。在客户表示出购买意向后，销售员再向他报一个比较合理的价格，如果客户很乐意接受这个价格，那么距离达成协议也就不远了。

（三）电话里最好不要报价

若在电话里谈价格，往往因为客户对销售员、对产品还不十分了解，所以不能知道销售员所提供产品的真正价值，如果销售员的报价高出客户的心理预期，就很容易把客户吓跑，因此销售员在电话中尽量与客户预约面谈，不要轻易报价。

第二步　开始报价

接下来就是开始报价，在报价时要严守前面所说的报价原则。一般企业都有自己规范的产品报价单，销售员拜访客户前要准备齐全，以便适时提供给客户阅览。下面是一份报价单，销售员可以作为参考（见表3-3）。

表3-3 报价单

××公司产品报价单

客户名称：××公司　　报价单号：

联系人：韩××　　报价日期：　年　月　日

电话：××××××××　　有效日期：　年　月　日

传真：××××××××

产品编号	产品名称	单价	数量	总价
×-0056	A	¥800	10	¥8000
×-00897	B	¥600	15	¥9000
合计				¥17000
备注	本报价单未含营业税7%			

公司盖章：

联系人：××

电话：××××××××

传真：××××××××

同时，在报价时要灵活运用ABC三点关系法，以获得更高的成功率：

（一）利用已成交者最高成交的成交单（订单或交货单）来诱导客户

销售员事先准备1~2份已成交者最高成交的成交单（订单或交货单），适当时候出示给客户看，并让客户知道，一样的产品他买的价格比别人低，利用人们求便宜的心理来诱导客户做决定。不过此方法也只是针对一般客户常用，但对于顽固的客户还是慎用。

（二）让同事参与报价

去拜访客户之前销售员可与自己的同事先约好，请他帮忙，在与客户谈判时找机会通知这位同事给自己打电话。当然，同事此时扮演的角色是另外一个客户，在电话交谈中，给同事扮演的客户报一个较高的价格并当场说明交货日期，此报价务必要比你给该客户的报价还高，让客户感觉到他买的产品确实比别人的便宜。

老C提醒：

运用此法时一定要自然、真实，造成成交的假象，切不可露出破绽被客户发现，那样后果不堪设想。

（三）利用“高”的“成本”价格表

这种方法要求销售员事先准备一张“高”的“成本”价格表，在与客户谈判时，制造机会或找借口（上厕所、接电话等）离开谈判现场，并把价格表放在现场（想办法让客户知道这是一张成本价格表），这时客户一定会趁你不在的时候偷看此价格表。注意这张“高”的“成本”价格表里的成本要与你的售价接近，不能相差太远。根据心理学实验报告指出，在这种状况下人们偷看价格表的比例高达92%。

三、实操演练

1. 实操背景（本次实操演练以成功产品报价示范为例）

小吴是某品牌家私的销售员，他向客户销售一套红木椅子。

2. 实操过程

小吴：您好！这套红木椅子价格是6000元！

客户：哦，那这一套看也差不多，怎么标价才4500元呢，这把就少点钱吧！

小吴：先生，请您在两把椅子上都坐一坐，然后比较就出来了。

客户：试试看……

小吴：怎么样，先生，感觉如何？4500元的坐起来较软，觉得很舒服，那一把6000元的坐起来反而有点硬，不那么舒服，对吗？

客户：你怎么这么了解，你说得没错，那是为什么呢？

小吴：因为它们的弹簧数量不一样。6000元的椅子弹簧数量较多，绝对不会因受力变形而影响到坐姿，不良坐姿对人的影响你都知道的，这把椅子光多出的弹簧成本就将近600元。你也知道，椅子最关键的就是其支架，支架坏了这椅子也就没有多大用处了。而这把椅子的支架是纯钢的，使用年限要比那把长一倍，所以这里的成本也就相差1000元了。……这么说吧，4500元的中看不中用，这把椅子我还可以给你少500元；但6000元这个就不行了。

客户：我诚心买你又没有诚意卖，这样吧，你这把也少500元，我就马上拿一把走！

小吴：哪里的话，我肯定诚意十足，只是我们从来都没有在这样的价位出售过！我先请示一下经理好吗？

最后，客户拿着椅子满意地走了。

3. 模拟时间

2个课时。

4. 角色扮演

每3人一组，分为2组，也可交叉演练。销售员1名，客户1名，经理1名。

5. 效果要求

学员要学会灵活处理各种报价技巧。

工作任务四　适时撰写建议书

老C：有时候，对于一些特殊的客户或成交量大的客户，为了有理有节说服客户购买，还应为客户提供购买建议书。

小C：建议书？很难吗？

老C：不是很难，只要弄清该建议的最终目标，然后按建议格式操作就可以了。

小C：建议书的撰写步骤及具体内容又是怎样的呢？

老C：首先准备好建议书的撰写资料；然后全面了解一份完整建议书需要撰写的内容；接下来就是将写好的建议书呈交客户并及时跟进，以加快客户的决策进程。

一、基础知识

建议书主要针对是一些特殊客户或成交量大的客户，销售员在与客户充分接触并了解客户的实际需求后，有必要为客户提供购买参考的建议文书。

建议书主要具有以下几个方面的作用：

（1）建议书是无言的销售员，它能代替销售员同时对不同的对象销售，突破了时间与空间的限制。

（2）建议书是销售过程的全面汇总，可以帮助交易双方理清思路、明晰利益。

（3）建议书是客户评断取舍的依据，尤其是对于较大额度的交易，建议书可以帮助客户作决定。

二、实操过程

第一步　准备撰写资料

撰写建议书前，销售员首先要准备、整理好所需要的资料。那么销售员都需要准备哪些资料，从什么渠道来获得这些资料呢？

（一）获得资料的途径

（1）建议书的资料主要来自于销售员的销售过程，它们存在于销售准备、拜访面谈、询问调查、展示说明等各个阶段。

（2）从销售员认定潜在客户的那一时刻起，就应处处留意客户的每一个细节；销售员在整个销售过程中要对客户需求以及客户企业有所了解认识，从中获得信息。

（二）准备撰写资料

具体来说，撰写建议书前销售员需要准备的资料主要包括以下 5 个方面。

1. 客户的现状

现状资料主要包括客户规模、相关产品的使用情况、使用者人数等内容。

2. 客户目前存在的问题和想要进行的改变

销售员一定要对客户目前存在的问题和想要进行的改变做出正确的分析，找出客户对现状不满的地方或者当前存在的问题。只有这样，销售员才能构想出问题的解决办法和改善方案。如果销售对象是企业，销售员除了要知道相关负责人对现状的意见及不满的原因外，还要收集产品使用人员的意见。

3. 竞争者的状况

目前市场竞争相当激烈，销售员要在充分了解客户情况的基础上，时时关注竞争对手的进展情况。销售员务必了解以下几点：

（1）竞争者介入的状况以及谈判的进程；

（2）和自己相比，竞争者能带给客户的选择优势；

（3）竞争者和客户的谈判细节，如竞争者给客户的各项交易条件及优惠政策等，以便有针对性地和竞争者进行竞争。

老C提醒：

销售员要时刻提醒自己，客户可以选择的买主不是只有自己一家，所以，要经常关注竞争者的信息。拥有了竞争者的信息，就可以在写建议书时抵消竞争者的销售优势，凸显自己的优势，协助客户做出倾向己方的选择。只有知彼知己，才能稳操胜券。

4. 客户企业的采购程序

销售员只有了解了客户企业的采购程序，才能知道建议书的传递对象，才能把握是否在对方编制预算前提出建议书，以使自己的产品被列入预算。

5. 客户的购买习惯

客户不同，购买习惯也不同。事先了解客户的购买习惯，可帮助销售员做出和客户购买习惯相一致的建议书。

如果客户喜欢在决定购买前收集详细的资料，建议书就要写得详细些；如果客户喜欢重点式资料，还可能要求销售员现场讲解，那么建议书就需要简单明了，重点突出。销售员要根据客户不同的购买习惯及企业的规模来决定应该呈递给客户怎样的建议书。

第二步 撰写建议书

撰写建议书的最终目的是为了获取订单。如何能让客户看了建议书之后心动呢？销售员应在充分了解客户情况、收集客户各方面资料的前提下，撰写适合客户的购买建议书。

（一）成功建议书的条件

1. 让客户感到满足

一份成功的建议书，要让客户感受到所推荐的产品或服务能够满足其需求，问题能够迅速得到解决，而且付出的成本相对合理。

当客户对现状存有不满或希望改善现状的时候，销售员如能及时地提供一套适合于解决客户问题的建议案，无异于帮了客户的大忙。而此时，销售员也从纯业务的角度上升为客户的“咨询顾问”了。

2. 与关键人物进行有效沟通

要想写出让各个单位部门都满意的建议书，销售员还要与承办人、承办单位主管、使用人、预算控制部门、关键人士等进行有效沟通。通过这种沟通，销售员要充分了解他们的想法，然后在建议书中进行有效协调，从而赢得各个方面的认可。

虽然一份建议书不一定会完全经过这五种人过目，这里以这五种人做例子，提醒销售员撰写建议书时如何和这些对象做有效的沟通（见表3-4）。

表 3－4　有效沟通细节表

人物＼内容	客户的注重点	撰写建议书的注重点
承办人（代表企业与销售员沟通的具体负责人）	注重细节，希望获得充足信息，能详细向上级汇报、说明。例如产品的特性、效用、能改善的问题、提高多少效率等	各个细节部分要严密，不能有破绽，可用附件的方式补充说明，务必要让承办人能回答上级可能提出的问题
承办部门主管	注重结论，关心结果，至于导出结果的缘由细节，是要授权给承办人去审核的	撰写建议书时的"主旨"、"目的"、"结论"部分要能满足承办部门主管的需求
使用者	注重使用结果，能改善工作条件和解决问题	针对使用人提出的问题及希望改善的地方，详细说明采用新产品的好处和便利
预算部门	注重所需费用预估，看是否符合预算标准	务必明确地写清各项费用状况，并以报表形式清楚汇总各项明细，让他们能一目了然
关键人士（位居管理高层者）	关注效用，如产品的效用对企业运营的帮助；关注优先顺序，即选择时的先后执行顺序	建议书中表明给企业整体带来的效用及改善的必要性等

（二）撰写建议书注意事项

建议书的写作要综合方方面面的因素，所以销售员在撰写时要注意下面几个事项：

（1）建议书的逻辑架构及表达陈列方式要清晰明了，彰显专业性；

（2）销售员在撰写建议书时要站在客户的立场上考虑问题，时时为客户着想，告诉客户能给他带来什么好处，切实解决他的难题；

（3）语言简洁、通顺，让阅读的人感觉到专业和认同；

（4）要充分考虑到各个部门的利益关系，只提建议，不要发表观点；

（5）销售员在撰写建议书时还要问自己以下两个问题：第一，客户为什么要接受我的建议；第二，怎样写才能帮助客户正确认识问题、迅速做出决定。

（三）建议书撰写

一份完整的建议书，以下 10 个项目必不可少。下面将逐一说明各个项目的具体内容。

1. 封面及标题

对于封面及标题的撰写要求，具体如表 3－5 所示：

表 3－5　建议书封面及标题撰写要求

类别	撰写要领
封面选材	质地较好的材纸
封面设计	大方，有条理

续表

类别	撰写要领
封面内容	主题、提案人、日期
封面装订	依建议书的厚薄来考虑装订方式
标题要求	表明主旨，让客户看到建议书的第一眼就知道是要干什么，对本企业有什么帮助

以下一个建议书的封面示例，销售员可参考借鉴。

建议书封面示例

谨呈鹏程公司总务部刘经理

鹏程公司导入自动化

建议案

提案人：××公司

业务员：张晓丽

日期：××××年×月×日

2. 问候

（1）建议书的开篇要表达感谢之意，感谢客户企业提供机会让自己能进行销售工作。

（2）感谢客户企业相关部门给予的协助，同时借以表明自己为了给客户最好的建议案，投入了相当多的时间与精力。

（3）问候感谢词不宜过长，感谢时最好以企业及部门为对象，尽量不要提及个别人作为感谢的对象。

下面是问候示例，仅供销售员参考。

建议书问候示例

感谢鹏程公司提供为贵企业服务的机会，同时感谢贵企业相关部门人员的协助，使本企业能圆满完成本建议案。

3. 目录

目录就是建议书的内容构成及排列顺序，目录的作用是让人一看就明白此建议书的主要内容。

下表是一份建议书的目录示例，供销售员参考。

建议书目录示例

4. 主旨

建议书的主旨应从客户企业想要达成的目标着手拟订，要指出采用建议案后，能达成的目的及改善点。同时，建议书的主旨还要尽可能地简明扼要。

以下是主旨示例，仅供销售员参考。

建议书主旨示例

一、主旨

为配合贵企业自动化生产策略，导入××型装配线自动化设备，提升产量，并解决企业操作员招募不足的难题。

……

5. 现状分析

可以做一张现状分析图来分析，如图 3 – 5 所示，注意以下几点：

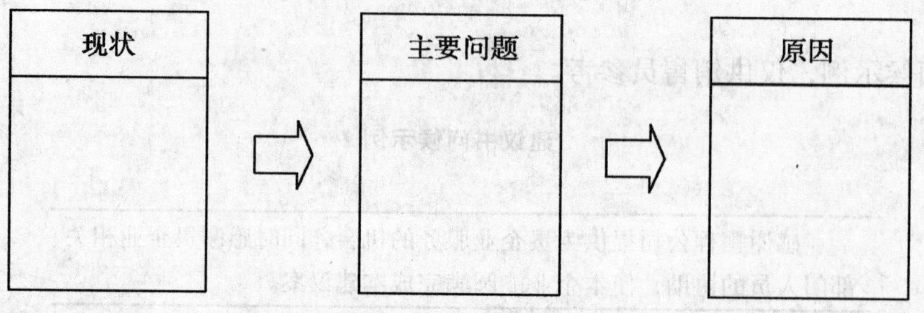

图 3 – 5　建议书现状分析图

（1）分析主要的问题点及产生的原因；

（2）问题点的分析要依据销售员调查的资料，必要时事先要获得客户企业相关人员的确认；

（3）问题点必须是客户有兴趣、关心的；

（4）原因的把握要得到客户的认同。

6. 建议改善对策

改善对策要针对客户企业问题点的原因进行，并要能让客户清楚地理解，同时还要有具体的资料证明此对策是可行的。

7. 比较使用前后的差异

（1）前后比较时一定要有具体的数据做支持。如目前每日产出1000单位，自动化后每日产出1500单位。

（2）对购买决定有影响的有利点及不利点都要进行比较，以便客户能客观地判断产生的差异。

（3）比较时仅提出结果比较，详细原因部分可以用附件做说明。

8. 成本效益分析

建议书的成本计算要正确合理，效益包括有形的效益、无形的效益，有形的效益最好能数值化，效益必须是客户也能认定的。

9. 结论

结论要汇总提供客户的特殊利益及效益，为要求订单做准备。

10. 附件

每一个附件都要有标题和页码，同时要完整、全面，以便于客户需要时可以随时查询和参考。

第三步　提交建议书

（一）面谈后回访

与客户面谈之后，销售员应适当通过电话、函件、E-mail等方式进行回访，其目的有以下两个：

（1）感谢客户的接见，从而有机会为其提供服务；

（2）针对客户的需求、销售的进程等向客户表达下一步的工作安排，如提供资料、约定再次见面事宜、提供建议书等。

老C提醒：

回访不但能拉近与客户的距离，给客户一个良好印象，还可以为下面的销售工作做好铺垫。尤其是初次见面以后，销售员适时与客户再次沟通，哪怕是一个问候电话，都可能产生很好的效果，让客户对你产生深刻印象。

（二）提交建议书

建议书撰写完后，应及时呈交给客户方的相关负责人，以加快客户的决策进程，同时避免受竞争对手的干扰。

提交建议书时，销售员还应注意以下细节。

（1）要根据客户方的相关负责人人数，准备多份建议书以供阅览。

（2）应有附件必须准备齐全。

（3）若有技术问题需要解决，最好带上己方的技术专家；如果销售已经进入最后阶段，或者客户有意向在看到建议书时就讨论购买的细节问题，亦可邀请自己的上司同往，以解决价格、优惠幅度等问题，同时也表示对客户的重视和尊重。

三、实操演练

1. 实操背景（本次实操演练以撰写建议书为例）

小华是A品牌电脑公司的销售员，她得知大华公司信息部最新打算换一批电脑，共计100多台。小华之前与大华公司接洽还蛮顺利，为了尽快让客户定夺下来，小华决定撰写一份建议书。

2. 实操过程

根据前文列示的建议书撰写技巧及背景所述内容，拟订一份合理且详实的建议书。

3. 模拟时间

2个课时。

4. 角色扮演

每3人一组，分为4组，各自写好后大家交叉阅览，指出不足并提出修改意见。

5. 效果要求

学员学会针对各种销售场景撰写相应的建议书，同时能随机应变。

工作任务五 处理客户异议

老C：在销售过程中，很多销售员都觉得自己的产品非常好，客户看后一定欣喜若狂立刻购买，可事实并非如此。

小C：那是为什么啊，大家不是都喜欢质量好的产品吗？

老C："好"也是销售员自己认为的"好"。因为世界上没有一见钟情的买卖，再好的产品客户也会指出这样或那样的不足，然后才可能购买。

小C：那这就是所谓的客户异议吗？

老C：对啊！销售行业有句至理名言：销售是从客户的拒绝开始的。因为拒绝通常是客户提出的第一个异议，而对于销售员来说，却意味着销售的开端，尽管不够美好。

小C：客户出现异议时，该如何应对呢？

老C：对于客户的异议一般可按这样的步骤进行处理：分析客户异议→识别真假异议→正确对待异议→明确处理原则→选用正确方法。

一、基础知识

（一）客户异议内涵

在很多时候，客户异议不是简单的抱怨、挑剔，而是蕴含着丰富的内容。销售要想解决客户的异议，首先就要搞清楚异议的内涵。

1. 客户异议是对销售行为的必然反应

销售员带着产品登门拜访，客户开门后露出笑脸说：太好了，这正是我所需要的东西，多少钱，我买了。每个销售员都希望自己遇到这样的客户，但事实上客户一般的反应会是：我不需要买什么，请不要浪费我的时间。

销售是从客户的拒绝开始的，这是销售行业的至理名言。因为拒绝通常是客户提出的第一个异议，而对于销售员来说，却意味着销售的开端，尽管这不够美好。

2. 客户异议既是成交障碍，也是成交信号

客户总会对产品挑三拣四，或是拿出各种各样的问题让销售员为难，“不，我很讨厌这种款式”、“你们的价格太贵了，我无法接受”、“看看你们的产品，没有任何效果可言”，面对这些棘手的问题，销售员觉得困难重重、客户购买希望很小，其实不然。

当客户一味赞美产品如何好时，很可能他心里根本就不想买；相反，客户挑三拣四满嘴抱怨，恰恰表示他在认真衡量产品优缺点，至少有购买打算。“嫌货才是买货人”，这点，销售员务必明确。

3. 客户异议是企业信息的源泉

客户对销售员提出产品价格太高、样子太旧、功能不全等异议，从销售的角度看，是客户在挑剔产品，但从企业生产者的角度看，却提供了产品改良的方向。

换句话说，客户异议直接向销售者提供了更有价值的信息，销售员通过对这些信息的搜集，可以很快反馈给生产者，促进产品优化发展。比如，海尔能洗地瓜的粗排水口洗衣机，就是根据四川农民的异议研发生产出来的。

（二）客户异议类别

同一种产品，在不同的时间、地点，不同的客户会对其产生不同的异议。销售员处理异议之前，首先要识别异议。常见的异议有以下几种。

1. 需求异议

需求异议是指客户认为产品不符合自身需要而提出的反对意见。

销售员：先生，看看我们的新型的洗衣液吧。
客户说：我不需要。

产生需求异议的原因有二：
其一，客户真的不需要，可能他已经有了。
其二，客户需要，只是没决定购买。比如，款式太旧，客户不喜欢。
对于第二种情况，销售员需要深层挖掘，找出客户拒绝产品的原因，然后予以解决。

2. 价格异议

价格异议指客户认为价格过高或价格与产品价值不符提出的反对意见。在销售过程中，这是最常见的客户异议。

销售员：先生，剃须刀售价358元，现在优惠，只要300元。
客户：300元也很贵呀！能不能再便宜一点？

讨价还价是购买习惯，客户总想用更低的价格购得产品，哪怕价格本身已经很低。所以，

销售员可以用产品质量好、款式新等优点打消这种价格异议。

3. 产品异议

产品异议是客户针对产品的质量、性能、规格、品种、花色、包装等方面提出的反对意见，也叫“质量异议”。

销售员：这种品牌的剃须刀有50年历史了，可以说驰名中外。

客户：可是设计一点也不人性化，拿在手里不舒服嘛。

产品异议是众多异议中较难攻克的一种，客户一旦对产品本身提出质疑，无论价格多低、服务多好，销售员也很难说服客户购买。

4. 购买时间异议

购买时间异议是客户认为现在不是最佳购买时间或对销售人员提出的交货时间表示的反对意见。

销售员：胡须可不会等您买了剃须刀后才长，想想，现在买回家晚上就可以用了。

客户：那我明天买好了。

客户说“过几天再买”或“下次再买”之类，多数是借口，真正原因可能是产品价格高、不满意产品质量等。在这种情况下，销售员要“穷追猛打”，客户说明天买，就确定明天什么时候买，用这种方式可以有效逼出客户未表达出来的原因。

如果时间异议是由于企业供货不能及时，那销售员就要诚恳解释原因，以获得客户谅解。

5. 销售员异议

销售员异议是指客户对销售人员的行为提出的反对意见，这种意见是由销售员自己造成的。

客户：不，还是算了吧。

销售员：这样的剃须刀都不买，还想买什么样的，我看你纯属瞎溜达！

销售员这般嘴脸，客户不投诉就不错了，哪还会掏钱买货。

导致销售员异议产生的情况：

(1) 销售员表现得很不耐烦，包括语言、行为、眼神等各方面。

(2) 销售员不注意销售礼仪，例如穿脏衣服拜访客户，同客户谈话时口腔有异味等。

(3) 销售员工作不专注，三心二意，例如一边同客户交谈一边频繁做小动作。

6. 服务异议

服务异议指客户针对购买前后一系列服务的具体方式、内容、时间等方面提出的反对意见。

销售员：不好意思，由于这几天人手不够，冰箱今天没法给您送了。

客户：怎么这样，我挑选了半天白忙活啦……

销售员处理此类异议时，要提高服务水平，尽量同客户进行协商，最好能采取一些补救措施，例如给客户增加一些小赠品或作价格让步等。

7. 支付能力异议

支付能力异议指客户由于无钱购买而提出的反对意见，不过，这种意义很少直接表现，往往转换成其他异议。相反，客户如果直接表示自己没钱时，却很可能是在掩饰需求或存在价格等方面的异议。

销售员：300元买个名牌剃须刀，已经很便宜了。

客户：我也觉得不贵，但是我现在没钱呀！（可能还是觉得贵）

对于的确没有支付能力的客户，销售员也要真诚对待，给对方留下好印象，也留下以后合作的希望；对于假装不具备支付能力的客户，要想方设法找到真正原因，然后予以攻克。

二、实操过程

第一步　接受客户异议

首先要接受客户的异议，接受时应持守以下原则。

（一）对客户异议要有正确的认识

客户异议并不都是消极的，它是表明客户对产品是否感兴趣的指示器。客户异议表明客户希望能更多地了解商品或企业。

（二）对客户异议应抱有积极的态度

应把异议看作是对自己的挑战，是施展才能的机会。事实证明，一位销售员是否具有丰富而娴熟的处理异议的技巧，往往是商品推销能否成功的关键。

第二步　分析客户异议

在处理客户异议时，销售人员还要弄清楚异议产生的原因，做到从根本上消除异议。异议的产生主要分两个方面：一是因客户而产生的，二是因销售人员而产生的。具体内容如表3－6所示。

表3－6　客户异议原因展示表

因客户而起的异议	因销售员而起的异议
①拒绝改变	①销售人员无法赢得客户的好感，其举止、态度、仪表等让客户产生反感
②客户情绪处于低潮，没心情进行商谈，较容易提出异议	②做了夸大不实的陈述，以不实的说辞哄骗客户，结果带来客户更多的异议
③客户的意愿没有被激发出来，产品没能引起他们的兴趣	③使用过多的专门术语，客户觉得自己没有能力使用而提出异议
④销售人员推荐的产品无法满足客户的需要，客户不认同产品	④事实调查不正确，引用不正确的调查资料，引起客户的异议
⑤预算不足会使客户产生价格上的异议	⑤不当的沟通，说得太多或听得太少都无法确实把握住客户的问题点，而产生许多异议
⑥客户不想花时间会谈，因而提出异议作为借口、异议只是推托之辞	⑥销售人员产品展示失败，会立刻遭到客户的质疑
⑦客户抱有隐藏式异议时会提出各式各样的异议	⑦姿态过高，处处让客户词穷，使客户感觉不愉快而提出许多主观的异议。例如不喜欢这种颜色、不喜欢这个式样等
⑧客户的购买经验与成见	⑧产品质量、价格不能满足客户的需求
⑨客户的私利及社会的不正之风，会在价格、折扣和回扣上有异议	
⑩客户的无知和自我表现	
⑪客户企业的性质、经营机制、购买决策程序、购买习惯	
⑫客户没有认识和发现自己的需要和存在的问题	

第三步　识别真假异议

（一）真异议

真异议是指客户不愿意购买产品的真实原因。对于销售员而言，通常真异议比较容易解决，客户认为价格高，那就进行价格协商；客户觉得产品款式不好，那就推荐其他款式。见招拆招，容易排除障碍。

（二）假异议

假异议是指客户对销售员所介绍的产品有需求，但不把真正的异议提出来，而以其他理由掩盖其真实想法，目的是要借此假象创造隐藏异议解决的有利环境。假异议的解决相对就困难一些，销售员必须识破假的，找出真的，这样才能说服客户购买。

对于假异议可采用限制性提问方法进行辨别。限制性提问的标准句式是："……是这样（客户提出一个异议）。那请问，如果我能够圆满解决您提出的问题，您会考虑我的建议（购买建议）吗？"以下举实例说明。

客户：298 元，太贵了。（提出价格异议，但不知是真是假）

销售员：觉得价格贵啊，那如果我能给您一个折扣，您买吗？（限制性提问辨别真假）

客户：问题也不是全在价格上，您看款式这么老土拿在手里一点也不舒服。（价格异议为假，产品异议为真）

销售员：没关系，我们还有其他款式的，您看这个怎么样？（积极解决真异议）

客户：不错，这个我喜欢……（一个真异议消除）

由此可见，限制性提问不但能分辨真异议和假异议，还能循环使用，挖掘出客户的全部异议。所以，销售员要熟练运用限制性提问，让所有的异议无所遁形。

第四步　处理客户异议

（一）做好准备工作

"不打无准备之仗"，这是销售员面对客户拒绝时应遵循的一个基本原则。销售前，销售员要充分估计客户可能提出的异议，做到心中有数。这样，即使遇到难题，到时候也能从容应对。

老 C 提醒：

事前无准备，就可能不知所措；客户得不到满意答复，自然无法成交。可以说，良好的准备工作有助于消除客户异议的负面性。

（二）选择恰当的时机

根据美国对几千名销售员的研究，优秀销售员所遇到的客户严重反对的机率只是其他人的十分之一，原因就在于优秀销售员往往能选择恰当的时机对客户的异议提供满意的答复。在恰当的时机回答客户异议，便可积极地消除异议负面性。

（三）切忌与客户争辩

不管客户如何批评，销售员永远不要与客户争辩，一句推销行话说得好："占争论的便宜越多，吃销售的亏越大。"与客户争辩，失败的永远是销售员。

（四）给客户留面子

客户的意见无论是对是错，是深刻还是幼稚，销售员都不能给对方留下轻视的感觉。销售员要尊重客户的意见，讲话时面带微笑、正视客户，倾听时要全神贯注，回答时语气不能生硬。"你错了"、"连这你也不懂"、"你没明白我说的意思，我是说……"，这样的表达方式虽抬高了自己，但贬低了客户，挫伤了客户的自尊心。

（五）选用正确方法

尽管客户异议会阻碍销售顺利进行，但只要掌握正确的方法，打消客户的疑虑，就可以快速达成交易。一般而言，异议处理有以下几种常用方法。

1. 反驳处理法

客户：听说你们的产品返修率很高。

销售员：怎么会？我们的冰箱在众多的国际品牌的抽查中，是拿"优秀"最多的。而且，我们的冰箱今年刚获得了消费者质量大奖第一名。

客户：你们企业的服务不行，态度也不是很好。

销售员：这更不可能了，我们在全国有52个专营点、369个维修部、1486个售后服务网点、4598位星级服务人员专门从事冰箱的售后服务……

客户：那这样的话，我就放心了。

反驳处理法特点是可有效增强销售说服力，并节省时间，加快销售进程；但如果分寸把握不好，容易激化矛盾。

销售员在具体操作时应注意以下几点：

（1）始终保持温和友好的态度；

（2）反驳必须有理有据，让对方心服口服；

（3）以向客户提供更多产品信息为原则；

（4）碰到无关异议或敏感性异议时，此法不适宜。

虽然这种方法有一些弊端，但在两种情况下，销售员必须直接反驳以导正客户的错误观点：

其一，客户引用不正确资料的时候；

其二，客户对企业的诚信、服务有所怀疑的时候。

2."太极"处理法

"太极"处理法，顾名思义就是像打太极时"借力打力"的方法一样，利用客户异议本身来处理有关客户异议的一种方法，也叫利用处理法。

客户：你们的冰箱设计过于前卫，不太搭配我们家的环境。

销售员：正因为设计前卫您才要购买呀，否则过几天您把房子一装修，摆个老土的冰箱会不搭调。

（1）“太极”处理法利用要点

利用“太极”处理法的要点是，当客户提出某些不购买的异议时，销售员能立刻回复说：这正是您要购买的理由！所以要求销售员能立即将客户的反对意见，直接转换成客户必须购买的理由。

（2）“太极”处理法使用注意

使用“太极”处理法处理异议，销售员要注意三个问题：

第一，认同，并赞美客户异议；

第二，针对并利用客户异议；

第三，利用并能迅速转化客户异议。

3. 补偿处理法

补偿处理法，就是用产品优点来补偿自身缺点的一种异议处理方法。要知道，在这个世界上，完美的东西是不存在的。任何一种产品都有它的优点和缺点，而且这对立的两方面通常互相关联。例如，产品使用了最好的材料，具有一流的品质，会导致价格过高。

当客户针对产品缺点提出异议时，直接否定客户观点显然不明智，聪明的办法是在认同产品缺点的同时举出产品的优点，及时进行“补偿”。

客户：你们的冰箱价格太高了，××品牌的才××钱。

销售员：与市场同类产品比较，我们的冰箱价格的确高了一点。但是一分钱一分货，我们的冰箱有液晶显示，人工智能控温，而且有外取冷饮和速冻功能，这些都是其他冰箱所不具备的……

客户：但你们的冰箱看起来太大了，有点夸张。

销售员：大是大了那么一点，但是它功能齐全啊，不但有四种温区，还内设了自动制冰、碎冰和冷水系统，这样，您想要冰块、刨冰、冷饮都没有问题，多方便啊！

（1）补偿处理法特点

销售员运用补偿处理法，最重要的是让客户产生产品优点对自己更重要的感觉，相比之下，缺点倒可以忽略或容忍。

（2）补偿处理法使用应注意点

补偿处理法在使用时，要注意三个问题：

第一，首先要认同客户异议；

第二，认真分析有关客户异议及其根源，确定客户异议的性质；

第三，及时展示产品优点，有效补偿并抵消客户异议。

4. 合并意见处理法

合并意见是指将客户的集中异议汇总成一个意见，或者把客户的反对意见集中在一个时间讨论，目的是削弱反对意见对客户所产生的影响。

客户：我再考虑一下吧。

销售员：您对这款冰箱的价格和体积不太满意是吧，其实价格高是因为冰箱品质好，体积大是因为功能齐全。您看我们的冰箱液晶显示，智能控温，不但有四个温区，还内设了自动制冰……

（1）合并意见处理法特点

合并意见处理法可以把客户反对意见一次性排除，并可选择性地强调产品优越之处。

（2）合并意见处理法运用注意事项

合并意见处理法在实际操作中需要注意以下几点：

第一，不要在一个异议上纠缠不清，以免由一个意见派生出多个意见；

第二，快速复述客户所有意见，并立刻转化话题，将客户注意力吸引到产品优势上去；

第三，合并处理时要避免长篇罗列，以免客户失去兴趣。

5. 回避处理法

回避处理法是指销售员根据有关事实和理由来间接否定客户异议的一种处理方法，因为通常用“是的……如果”句式，所以又叫“是的……如果”法。

客户：这冰箱体积大了点，有点夸张。

销售员：是的，在我看来也比较大。如果设计得更小一些，我想那些内设系统就只能放弃，这样一来，您想吃刨冰，就得买冰盒，还要买个刨冰机，是不是很麻烦呢？

（1）回避处理法特点

回避处理法能够保持销售员和客户间良好的洽谈氛围，既不会引起客户反感，还能有效排除客户异议。

（2）回避处理法运用应注意事项

回避处理法在具体操作时，必须注意以下事项：

第一，提出“如果”假设时，要真正站在客户立场考虑问题；

第二，尽量做到语气委婉，转折自然；

第三，当遇到无关异议和敏感性异议时，此法不适宜使用。

三、实操演练

1. 实操背景（本次实操演练以处理客户异议为例）

小丁是地板砖销售员，他登门拜访一个客户。

2. 实操过程

说明来意后。

客户：谢谢，我还没有购买地板砖的打算，如果需要我会打电话找你的。

小丁：你的房子马上进行装修，反正要买地板砖。我带来了样品，不妨看看再说。

客户看了看样品：还不错，就是价格有点贵。

小丁：既然这样，别说我们的地板砖没有便宜货，即使有，你也不能用啊！相反，用我们的地板砖，却能省钱！

客户：真的吗？

小丁：我算过了，根据你房间的面积，用普通的地板砖铺要800元左右，用我们的地板砖要1200元左右，上下相差400元。但是，用普通地板砖使用不到两年，就会产生裂痕，表面还会有“暴皮”现象，看起来很难看。到时，你不得不二次返工，重换质量好的地板砖，即使不算人工费用和给生活造成的损失，你还要再花1000多元买新的地砖。与其这样浪费人力、物力、财力，不如一次搞定，保证十年内不会出现质量问题。

客户仔细想了想，决定购买小丁的地板砖。

3. 模拟时间

2个课时。

4. 角色扮演

每2人一组，分为3组，也可交叉演练。销售员1名，客户1名。

5. 效果要求

学员有效处理各种异议。

习　题　三

一、单项选择题

1. 一次成功的拜访不仅需要有良好的计划，更需要有最有效、最合理的拜访路线。销售人员选择路线的原则是（　　）。

A. 耗时最少　　B. 成效量最大

C. 耗时最少，成效量最大　　D. 前面说法均不对

2. 销售员在与客户握手时，应伸出自己的____手，身体略向____倾，眼神看着客户的眼睛。握手需要握实，摇动的幅度不要太____。空白处需真的正确答案是　　（　　）。

A. 右、前、大　　B. 左、前、大　　C. 右、后、大　　D. 右、前、小

3. 销售员站着与客户商谈时，两脚应平行打开，两脚之间的距离约（　　）厘米左右。

A. 5　　B. 10　　C. 15　　D. 20

4. 经研究表明，（　　）厘米是人们感到最舒适的距离。销售员要记住，安全距离以内的空间只能留给最亲近的人。

A. 15～45　　B. 20～50　　C. 50～80　　D. 75～100

5. 销售陈述有两个主要点，其一是（　　）；其二是产品利益。

A. 产品特点　　B. 产品质量　　C. 产品结构　　D. 消费层面

6. 通常客户异议的产生主要分由于客户而产生的及（　　）而产生的。

A. 因现场服务　　B. 因产品质量　　C. 因生产人员　　D. 因销售人员

二、多项选择题

1. 销售员若与客户之间是初次接触或彼此不是很了解，一般则用（　　）+（　　）即可，也就是简明扼要地介绍自己所提供的产品或服务所具备的综合性好处。

A. 自我介绍　　B. 寒暄　　C. 一般利益陈述　　D. 特殊利益陈述

2. 销售人员对于非初次见面的客户，往往是要解决某一问题或就某一细节进行探讨，一般采用（　　）+（　　）。

A. 自我介绍　　B. 寒暄　　C. 特殊利益陈述　　D. 一般利益陈述

3. 销售人员在弄清报价的时机后，还要遵循报价的原则。通常，报价需遵循的原则除了先价值后价格外，还有（　　）等原则。

A. 留足彼此空间　　B. 坚持不轻易降价

C. 把价格抛给对方　　D. 前面三种说法均不是

4. 销售人员在处理客户的异议时，应遵循（　　）及给客户留面子等这几个原则。

A. 做好准备工作　　B. 选择恰当的时机　　C. 切忌与客户争辩　　D. 给客户留面子

三、是非判断题

1. 坐座位时，销售员应从椅子的右侧入座，紧靠椅背，上身不要靠着椅背，微微后倾，

双手轻握于腿上或两手分开放于膝上，双脚的脚后跟靠拢，膝盖可分成一个拳头宽，平行放置。(　　)

2. 销售人员对于初次见面的客户，正好赶上客户发脾气，或者观察到客户注意力不集中、情绪低落时，此时最好体谅一下客户的心境，适时另约会面时间，迅速礼貌地告退。(　　)

3. 销售员在对客户进行产品介绍时，无论采用什么方法，目的都是让客户了解产品，所以，销售人员必须得用专业术语介绍，否则会让客户产生销售人员不专业的感觉。(　　)

4. 通常，故事具有很强的吸引力，这点对客户也不例外。所以，在日常工作中若为了销售情景需要，销售人员也可随意编造一点故事来吸引客户。(　　)

5. 销售前，销售员要充分估计客户可能提出的异议，做到心中有数。这样，即使遇到难题，到时候也能从容应对。(　　)

四、简答题

1. 销售人员在运用对比示范时应掌握哪些要领?

2. 销售人员在报价时常有的障碍主要表现在哪些方面?

3. 销售人员在撰写建议书时，需要准备哪些方面的资料，试简述之。

4. 销售人员在撰写建议书时应注意哪些方面的问题?

五、实操及案例分析

1. 撰写建议书的最终目的是为了获取订单。请销售人员在了解客户情况、收集客户各方面资料的前提下，撰写一份适合客户购买的建议书。

2. 小张是冰箱销售人员，这天卖场一客户前来购买冰箱。以下是他们的一段对话。

客户：听说你们的产品返修率很高。

小张：怎么会？我们的冰箱在众多的国际品牌的抽查中，是拿“优秀”最多的。而且，我们的冰箱今年刚获得了消费者质量大奖第一名。

客户：你们企业的服务不行，态度也不是很好。

销售员：这更不可能了，我们在全国有52个专营点、369个维修部、1486个售后服务网点、4598个星级服务人员专门从事冰箱的服务……

客户：那这样的话，我就放心了。

请问以上的客户异议，销售人员小张是采用什么方法进行巧妙说服的?

参考答案

一、单项选择题

1. C　2. A　3. B　4. D　5. A　6. D

二、多项选择题

1. AC　2. BC　3. ABC　4. ABC

三、是非判断题

1. ×　2. √　3. ×　4. ×　5. √

四、简答题

1. 简答：销售人员在运用对比示范时需掌握以下要领：

（1）跟同类型产品对比，例如洗衣粉不要同肥皂比，以免说服力受影响。

（2）对比要突出自身产品的优势，例如洗衣粉不要对比颗粒大小，而要比清洗效果如何。

（3）要比较效果明显的点，例如，洗衣粉不要对比清洗后衣物的柔软度，因为区别不明显。

2. 简答：报价障碍是指销售员面对报价时常有的心理障碍，主要表现在以下 3 个方面。

（1）担心自己产品价格过高，把客户吓跑，无法成交。

（2）担心自己的产品不够好，成交后将来客户不满意，被责怪。

（3）担心自己的产品价格过低使客户对产品质量失去信心而不能成交。

3. 简答：撰写建议书时，销售员需要准备的资料主要有以下 5 个方面。

（1）客户的现状资料。主要包括客户规模、相关产品的使用情况、使用者人数等内容。

（2）对客户目前存在的问题和想要的变化进行正确的分析，找出客户对现状不满的地方或者现状存在的问题。

（3）目前竞争如此激烈，销售员要时时在充分了解客户情况的基础上，同时关注竞争对手的进展情况。

（4）销售员只有了解了客户企业的采购程序，才能知道建议书的传递对象，才能把握是否在对方编制预算前提出建议书，以获得预算的编制。

（5）客户不同，购买习惯也不同。事先了解客户的购买习惯，可帮助销售员做出和客户购买习惯相一致的建议书。

4. 简答：由于建议书写作要综合方方面面的因素，所以销售员在撰写时要注意下面的事项。

（1）建议书的逻辑架构及表达陈列方式要清晰明了，彰显专业。

（2）销售员在撰写建议书时要站在客户的立场上考虑问题，要时时为客户着想，告诉客户能给他带来什么好处，切实解决他的难题。

（3）语言简洁、通顺，让阅读的人感觉到专业和认同。

（4）要充分考虑到各个部门的利益关系，只提建议，不要发表观点。

五、实操及案例分析

1. 参考“工作任务四”的相关内容。

2. 小张是运用的“反驳处理法”。以向客户提供更多产品信息为原则，然后在反驳时有理有据，最终令对方心服口服。

岗位职责四
成功签约管理

基础技能要点

1. 交易促成准则
2. 交易促成要点
3. 合同的重要作用

核心技能要点

1. 捕捉购买信号瞅准最佳时刻
2. 抓住购买时机
3. 顺利达成交易
4. 协商合同内容
5. 规范填写合同
6. 有效管理并利用
7. 未成交送别
8. 成交送别

工作任务一　看准时机收网

老C：对于销售员而言，得到订单才是最后的成功，但是这最后一步往往也是令很多人头疼的地方。

小C：是啊，我也是这样，到关键时刻总是开不了口。

老C：这就是个技巧的问题，要把握好最佳时机，这样才能水到渠成地达成交易。

小C：那要解决这个问题，该如何下手呢？

老C：要解决这个问题，就要掌握诱导客户快速成交的相关技巧及方法。客户产生购买欲望后，是不会显示出来的。所以，销售员就要敏锐地捕捉客户的购买信号，抓住客户的购买时机，接下来引导客户成功签约顺利达成交易。

一、基础知识

最好的渔夫是懂得何时收网的，同样，好的销售员也要懂得把握促成交易的最佳时机。

（一）交易促成准则

1. 灵活准则

有些销售高手根据市场的情况变化，可以灵活掌握销售的要点，很快促成交易。所以销售员一定要掌握每一个步骤，并灵活运用。

2. 把握每一个销售重点的准则

客户突然间会问一个问题：“你们的售后服务一般都是几年？”这是客户关心的问题，销售员应该回答“我们在合约中都有约定，其余问题可以详谈。”

3. 重大异议解决后的准则

比如客户问你：“如果我们用这个机器的话，出了故障怎么办？或者跳了闸怎么办？”销售员说一般情况不会跳闸，跳闸的原因除了断电或者别的什么情形，这些情形假设有的话，你可以马上解答，证明不会有。也就是重大问题解决了以后，即可促成交易的成功。

（二）交易促成禁忌

对于销售人员而言，交易促成时应注意以下禁忌点。

1. 忌好高骛远

所谓一步一个脚印，凡走过的必留痕迹，不要想着一定要大订单才做，小额订单都不屑一顾，否则将丧失不少机会及市场。

2. 忌急于求成

交易的促成是许多次的努力再加上最后一次的努力的结果。一次成交的情况是很少的。尤其是新进的销售员，应该要秉持执着耕耘的态度，才能有所收获。一件业务跑两三趟是很正常的，客户感受得到你的勤奋积极，自然会越来越欣赏你，最终会决定向你购买产品。

3. 忌强迫推销

强迫式的推销通常会令客户受不了，落荒而逃。销售员千万不可贸然采取强迫式的推销方式，必须视情况、对象、条件而定。通常在推销循环的前几个阶段最好采取柔性诱导的策略，到了最后促成时，为了促使客户决定购买，才可采取稍强势的推销策略。

4. 忌贪图一己私利

销售员要有一种心态——不能“贪”。不要只以自己的利益为依托，完全不向客户提供应有的、适合的产品；应看重的是客户的利益，而不是销售员自己的。所以，千万不要贪图一己私利，以免引起客户的反感。

5. 忌掌握不了时机

要在客户对产品仍有相当热度时，积极地促成下来，不要让客户还有犹豫后悔的机会。要记住“机会失去，永不再来”，不要让客户失去购买产品的动力，否则前功尽弃。

6. 忌轻易让客户解约

销售员必须有这样的认知，解约对于客户来说，不管怎样都不划算。你必须将其中的利害关系分析给客户听，由客户去决定。你绝对不可以替客户决定，以免日后横生枝节。

二、实操过程

第一步　捕捉购买信号

客户产生了购买欲望，常常不会直接说出来，而是会不自觉地将其心态通过各种方式表露出来。无论客户是有意还是无意表露出来，销售员都要及时发现。

（一）语言信号

小张是除草机的销售员，到××大学销售公司的新机器。

大学办公室主任看完产品后，觉得比较满意，就说："先留下来用几天吧。"

这个要求超出了小张的权限范围，再说用几天是多长时间，用不好又不买的话，那该怎么办？小张想到这些，非常为难地拒绝了主任："很抱歉，我们公司还没有这个先例呢！"

主任听了，笑了笑说，"是吗，那我们也没有不试用就购买的先例哦！"

其实在上述案例中，客户说的"留下来用几天"就是个非常明显的成交信号。只可惜销售员没有辨别出来，硬是把送到嘴边的"肉"给吐了出来。

要避免上述情况的发生，销售员就必须听出客户的"弦外之音"，善于从客户的语言、语气中捕捉客户的购买信号。一般而言，客户的语言信号有：

（1）要求销售员详细说明产品的使用方法、功能、保养和注意事项等。

（2）询问售后服务情况。

（3）询问交货期、交货手续、货款支付方式。

（4）询问产品价格、新旧产品比较。

（5）询问运输、储存、竞争对手的产品及交货条件、市场评价等。

（6）咨询优惠政策，开始讨价还价。

（7）要求继续试用及观察。

（8）用假定的口吻谈论购买的相关事宜等。

（二）行为信号

小张不知道主任已经有了购买的打算，只是怎么让对方试用的问题。

小张："要不，我向公司请示一下，但是如果试用没有什么问题的话，是不是就算购买呢？"

主任："算了，请示我知道，天下最麻烦的事！"说着，主任直接让园艺师傅推着除草机修起了草坪。

小张这时还傻乎乎地以为主任要强行留下试用，急忙追了上去。

以上的小张就是典型的一根筋，对客户的行为信号依然视而不见，主任已经让园艺师傅使用机器了，他还不知所以。当然，现实中这样明显的购买信号可是少之又少。就得靠销售员留心观察，并采取相应的策略以促使交易达成。客户的购买行为信号通常表现如下：

（1）由静变动。原来客户采取静止状态听销售员讲解；这时由静态转为动态，如动手操作产品、仔细触摸产品、翻动产品等。

（2）动作放松。原来倾听销售员介绍产品，身体前倾，精神集中；现在状态放松，身体后倾或者做其他舒展动作等。

（3）由单方面动作转为多方面动作。这个变化多表现为客户由远及近、由一个角度到多个角度观察产品，再次翻看产品说明书等。

(4) 有签字动作倾向。找笔、摸口袋，甚至是靠近或拿订货单看，或者要求看看合同条款等动作，都是很明显的购买信号。

(三) 表情信号

销售员在与客户洽谈时，经常可从对方的脸上发现一些富有寓意性的表情，比如，眼睛注视、眼神专注等。这些都是来自客户的心理感受，是成交的表情信号。表情信号有以下一些，销售员应细心体会。

(1) 客户紧锁的双眉分开、上扬，或表现出深思的样子。

(2) 神色变得活跃，表情变得开朗，自然微笑。

(3) 原有敌意消失，态度变得自然、大方、随和、亲切等。

(4) 突然不说话，陷入沉思。

(四) 事态信号

事态信号，主要指客户表现出的与业务活动有关的事态发展变化信号。

(1) 客户提出转换洽谈环境和地点。

(2) 向销售员介绍有关购买决策过程的其他角色人员，或者邀请他们一起观看、试用、评价产品等。

(3) 提出变更业务程序，安排销售员住宿、饮食或者接待态度明显好转、接待档次明显提高等。

(4) 拒绝接待其他公司的销售员等。

购买信号的表现形式很复杂，客户有意无意中流露出来的种种言行都可能是购买信号，是一种暗示，销售员要善于捕捉这些信号。

老C提醒：

(1) 销售员要在平时的工作中逐渐积累，了解客户的这些购买信号，同时认真研究各种类型、各种性格客户的语言、行为特点。

(2) 销售员在与客户的交往、商谈中要细心，洞察客户的每一个动作、语言细节的变化。

(3) 发现购买信号时，销售员要不失时机地引导客户、促成交易。

第二步　瞅准最佳时刻

(一) 客户认同了销售员所展示的产品价值的那一刻

当客户说"嗯，这个产品确实不错"或者销售员介绍完产品后客户频频点头、表示认可时，销售员没有理由不做出"促成购买决定"的尝试。此时，销售员应及时地问客户"既然感觉不错，您准备选哪一种呢"等。

出现这种情况时，销售员最好不要与客户继续交谈，给对方一个思考的空间。因为如果继续交谈，可能会使客户产生更多的疑虑，或者引发“购买危机”。

（二）交谈出现和谐的沉默时

当销售员感到所有需要说明的事项都已经交代清楚，而客户则问完了自己关心的所有问题并得到了满意的答复，双方都在思考下一步如何行动时，此时正是促成购买决定的好时机。

比如，销售员可以说：“我们的打印机是很适合贵公司办公要求的，性能又好，您还犹豫什么呢？我看这一款就不错！”（给客户看样机图片）

（三）客户对销售员就某一项异议的解答非常满意时

当销售员解答完客户的异议，而客户也表现出满意的神情动作时也是“促成购买决定”的适当时机。

此时客户可能会说“这个问题一直困扰着我，没有好办法解决，今天你的建议给我提供了很好的解决办法”、“真如你所说的倒是很不错啊。”

销售员要抓住这样的时机，帮助客户下决心购买。比如：

“您看，我们的售后服务这么完善，您就决定吧”！

（四）客户对产品产生浓厚兴趣时

当客户的言辞中表现出对销售员所展示的产品有浓厚兴趣的时候，销售员要停止进一步的产品介绍，并立即进入“促成购买决定”阶段。

客户的这种兴趣通常的表达方式包括提问与表述。例如：

“这种车型看来很适合我。”

“贵公司对付款有什么规定，我怎样付款？”

“如果我改变主意将会怎样？”

当销售员在与客户的交谈中出现以下内容时，也表明销售员应该启动“促成购买决定”的策略了：交付条件、交货日期、要求报价、要求提供详细资料、再次商讨已经涉及过的问题，如“你能否再说明一下合同的履行方式”等。此时，销售员千万不要坐失良机，而是应适时地主动提出购买要求，促使客户表态。

（五）当客户以非语言的方式表示对产品感兴趣时

当下列情况出现时，就表明客户可能已经做好购买的准备了。

（1）再次审视产品。

（2）拿起笔作思考状。

（3）离开会客室，与其他人交流产品情况。

（4）客户频频点头，表情变得友善，屈身俯视商品简介、说明，而且边看边念念有词等。

第三步 引导客户购买意向

购买时机的出现是销售员前期辛勤工作的结果，销售员一定要把握好这样的机会，善于利用各种技巧把客户引导到购买的意向上去。不管客户如何反应，销售员都要准备好妥善的应付言辞，让对方感觉“我已经买下来了”。

(1) 销售员要不失时机地提出购买建议，促使客户做出购买决定。

(2) 交谈中，销售员除要耐心详细的说明外，还要引导对方提问，以打消客户的顾虑，使其迅速做出购买决定。

(3) 向客户提问或提出购买建议时，销售员语气要自然、态度要随和，不要让客户感觉你很急躁或迫切地想成交，也不要让客户感觉到压力。

第四步 提出成交要求，达成交易

对于销售员而言，得到订单才是最后的成功，但是这最后一步往往也是最艰难和最关键的环节。因为，在实战中，有些销售员努力了半天，也知道客户有购买需求，但到了此时却不能勇敢且主动地提出成交要求；而客户虽然有意愿购买，却也不愿意主动提出，双方僵持下去，最终导致销售失败。

(一) 消除成交障碍

1. 销售员的常见心理障碍

(1) 害怕被拒绝，自己受挫。

有些销售员害怕提出成交要求后被客户拒绝，破坏洽谈气氛，有些新手甚至对提出成交要求感到不好意思。

有位销售清洁用品的销售员好不容易才说服公寓的主妇帮他开了铁门，让他上楼推销他的产品。但当他在主妇面前展示完他的产品后，见主妇没有表现出购买的意思就径自下楼离开了。该主妇的丈夫下班回家后，主妇将销售员向她展示的产品的优良性能重述一遍，她丈夫说：“既然你认为那个产品这么实用，怎么没有购买？”主妇答道：“是相当不错，性能也很令我满意，可是那个推销员并没有开口叫我购买！”

显然，这位销售员因为没有主动请求客户购买而失去了一次成交的机会。

(2) 等待客户先开口。

有的销售员认为客户会主动提出成交要求，自己主动提出交易好像是在向客户乞讨，因此，他们在销售中总是等待客户先开口。这是一种错误的想法。销售员要正确看待自己与客户之间的关系。销售员向客户销售自己的产品，获得了金钱收益，但客户从销售员那里获得的是产品和服务，是实实在在的利益和满足，双方完全是互利互惠的友好合作关系。

还有的销售员怕自己主动提出成交请求，客户会以此为借口讨价还价。其实不管谁先开口，讨价还价都是不可避免的。

一位销售员多次前往一家公司销售。一天该公司采购部经理拿出一份早已签好字的合同，销售员愣住了，问客户为何在过了这么长时间以后才决定购买，客户的回答竟是："今天是您第一次要求我们订货。"

这个故事说明，绝大多数客户都在等待销售员首先提出成交要求。即使客户有意购买，但是如果销售员不主动提出成交要求，买卖也难以达成。

（3）放弃继续努力。

有些销售员对客户不够了解，把客户的一次拒绝视为整个销售的失败，放弃继续努力。其实一次试探成交失效，并不代表整个销售工作的失败，销售员可以通过反复的努力来促成最后交易的达成。

（4）担心客户误会自己是为了个人利益而欺骗他。

这是一种明显的错位心理，销售员错误地把自己和客户放在了一起。作为销售员应把着眼点放在自己公司的利益上，不要以自己的眼光和价值观来评判公司的产品。没有十全十美的产品，只要符合客户的需要并能够满足客户的需求，对客户来说就是好产品。

2. 客户的心理表现

有时候客户心理已经认同了销售员介绍的产品或服务，就是迟迟不肯下决心购买，尤其是在大公司，这种现象时有发生，原因在哪里呢？

（1）为了保证自己提出的交易条件，或者为了"杀价"，客户即使很想成交也不愿主动开口，怕自己吃亏。销售员在了解了客户的这种心理，就应该端正自己的心态，主动提出成交要求，得到客户认同后再进一步商讨其他问题。

（2）客户的性格使然，对自己的决定感到不安。这些客户对自己的决定无法找出评估的依据，怕自己考虑得不够周详，或担心自己得到的信息和资料还不够充分，还想再听听别人的意见和看法，不愿意万一发生问题由自己承担责任，于是他们迟迟不肯做决定。

销售员要让这类客户了解购买决定对错的评估基准，让他们确信购买是符合基准的；给客户提供购买同样产品的其他知名客户做参考，减轻他们的担心。

（3）有些客户认为：由别人来决定不易招来指责。大公司的采购人员，虽然自己负有采购的决定权，但往往怕遭人议论。为了防止万一和分散责任，他们会在形式上征询使用部门的意见，尽量形成是由大家共同决定的局面。所以他们不会当机立断，立刻决定购买。

销售员了解客户的这种心态后，要协助客户方的承办人去说服公司内的各个相关人员，尽量达到都表示同意使用你的产品的目的；若此时有渠道能够取得该单位上级主管单位的指示交办文件，效果会更好。"交办"并不一定是指交待要使用，也可以是同意给予参与竞争的机会。

（4）过分在乎别人的看法。过分在乎别人看法的客户，往往任何事情都拿不定主意，虽然决定权在自己手里，但往往会担心别人的看法，怕别人不认同、讥笑，因此不轻易做决定，只有当周围的人都说好之后，他才会下决心购买。面对这样的客户，销售员的推荐重心要适度转向客户的周围人士，小心谨慎地应对客户左右的亲人、朋友、同事等。因为他们的意见可能会决定交易的成功与否。

（二）顺利达成交易

在销售过程中，销售员除了要善于捕捉客户发出的购买信号外，还要主动出击，运用一些方法和技巧，加快成交的速度。

1. 省时省力直接成交法

（1）优点

直接成交法，就是销售员得到客户的购买信号后，用简单、明了的语言，直截了当地向客户提出成交要求。直接成交在实际销售工作中应用广泛，且能给客户坦诚以待、做事干净利落的感觉。

（2）适用情景

①销售员之前做了大量成功的铺垫，各方面条件成熟。

②客户购买欲望非常强烈，并发出购买信号。

③客户是老主顾，并且关系一向非常好。

2. 巧用选择达成交易法

选择成交法，指销售员直接向客户提供一些购买决策选择方案，并且要求客户立即购买产品的一种成交方法。

有个客人到餐厅吃饭。

服务员过来点餐时，客人正在看一篇球赛报道，头也没抬就说：一份黑椒牛排。

服务员：鸡蛋要单面还是双面？

客人本能地说：单面。

不一会套餐来了，客人看到牛排旁边的鸡蛋，想：我从来不吃鸡蛋的呀？

本来没打算吃鸡蛋的客人为什么会点鸡蛋，原因就是服务员那句“鸡蛋要单面还是双面”，这句话的前提就是要鸡蛋，在要的先决条件下选择单面还是双面。

服务员这句聪明的问话，就是典型的选择成交法。

（1）优点

选择成交能更快地帮助销售进入主题，并有效减轻客户成交心理压力，所以被广泛采用。

（2）使用注意事项

①针对客户的购买动机和购买意向，先假定成交，后选择成交。

②看准成交信号，向客户提供成交选择方案。

③主动当好客户的购买参谋，帮助客户做出正确的成交选择。

④不要提出两个以上的选择。

3. 先试后买的小狗成交法

以下面的例子说明小狗成交法。

有个销售员，销售一种促进睡眠的枕头。

客户听了价格后，立刻摇头说：我没有钱购买这样昂贵的奢侈品。

销售员：当然，很多人都这样对我说。不过，您不用付我一分钱，今天晚上就可以枕着入睡，明晚、后晚，直到下周我再来到这里，您都可以免费享受，到时只需要告诉我您的感觉就可以了。

销售员走后，客户每天枕着睡眠枕头入睡，他发现入睡速度确实快了，也不再有那么多讨厌的梦，而且每天精神都很好。

第二周，销售员来收枕头，客户说：的确提高了我的睡眠质量，但我仍旧不能购买这样的奢侈品，这违反了我一贯坚持的节俭原则。

销售员向客户道谢后，就离开了。

过了两天，那位客户打来电话：哦，麻烦你再把那个枕头送来吧。

销售员好奇地问：怎么了？

客户说他失眠了。

这个客户原来没有睡眠枕头，一样可以高枕无忧，现在没有睡眠枕头却无法入睡。因为，睡眠枕头确实可以改善睡眠，通过体验客户对此深信不疑。当他失去枕头的时候，心理因素起了阻碍睡眠的作用，故此难以入睡。这样，销售员的交易就成功了。

（1）适用场景

一般来说，小狗成交法特别适合那些日常消费品，像某个品牌的化妆品，卖给客户洗面奶或面膜时，总要赠送一点眼霜。客户用过，感觉很好，一旦停用，发现眼角立刻出现了明显皱纹，结果不得不一直购买昂贵的眼霜。

（2）使用前提

小狗成交法确实有利于提升业绩，但要注意使用的两个前提：

①客户值得信赖，尤其是出售大宗产品的时候。

②产品利益短期内可以体现，并且确实可以给客户带来好处。

三、实操演练

1. 实操背景（本次实操演练以成功促成交易为例）

小陈是某汽车公司的销售员，多次拜访S大型国企的采购孙总经理，他在一年前就有换车计划。

2. 实操过程

小陈：孙总经理，我已经拜访您好多次了，您对我公司汽车的性能、价格也相当地认同，而且也听朋友夸赞过我公司的售后服务。今天我再次拜访您，不是来向您销售汽车的，我知道您是销售界的前辈，我在您面前销售东西实在压力很大，大概表现得很差吧，请您给晚辈指点一下好吗？我哪些地方做得不好，您给我指出来以便我能在日后改善。

孙总经理：你不错呀，人很勤快，对汽车的性能了解得非常清楚，看你这么诚恳，我就坦白告诉你，这一次我要给企业的10位经理换车，当然换车一定要比他们现在所用的车子更高级一些，以鼓舞士气，但价钱不能比现在贵，否则我短期内宁可不换。

小陈：报告孙总经理，您实在是位好的经营者，购车也以鼓舞士气为出发点，今天真是又学到新东西了。孙总经理，我给您推荐的车是由美国装配直接进口的，成本偏高，因此价格也不得不因成本而提升。不过，我们公司月底将从墨西哥OEM进来同级车，成本较低，并且孙总经理一次购买10部，我一定说服公司尽可能将价格降到您的预算目标。

孙总经理：哦！的确很多美国车都在墨西哥OEM生产的，贵公司如果有这种车，倒替我解决了换车的难题了！那你先回去拟份10部车的报价给我看看！

小陈：好的。

3. 模拟时间

1个课时。

4. 角色扮演

2个人扮演。销售员1人，总经理1人。

5. 效果要求

学员最终能灵活运用各种成交方法达成交易。

工作任务二　签订销售合同

老C：在销售过程中，对于交易量大或特别客户，交易口头达成后，还需就双方达成的共识签订一份销售合同。

小C：是啊，现在这个时代，最讲求的就是凭证，签订合同对大家都好，以后发生纠纷时有据可查。

老C：是啊，签订了合同是一种双赢的结果，不仅维护了自己的利益，也可以确保客户的正当利益。

小C：通常销售合同该如何签订，且签订过程中应注意哪些事项呢？

老C：首先销售员应将合同了解透彻，同客户就合同的内容进行协商。

合同拟定好后双方确认无异议后，接下来就是认真、规范地填写合同；最后就是要对合同进行有效地管理和利用，从而提高自己的销售效率。

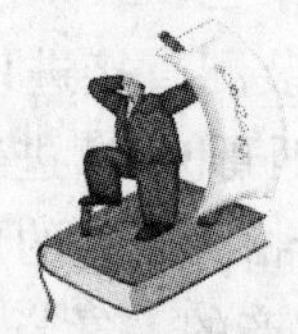

一、基础知识

签订合同是商务活动中双方在维护自身利益的基础上，依据法律条款以文字形式规定双方权利义务的一种手段。销售员经过一番努力，双方最终达成了共识。此时，就应说服客户着手准备签订合同。因为没有成交合同，销售也就等于没有结果。

在经济活动中，合同具有以下重要的作用：

第一，在长期性的经济合作关系中，双方的权利义务关系复杂，因此必须订立合同，以指导、约束合作各方的行为。

第二，作为商品交易的重要凭证，合同的签订可以保证交易对方按约定履行义务；可以作为向违约方要求承担违约责任的有效凭证。这样既可以保护客户退货、保修等权利，又可以确保客户履行合同，为销售员顺利收缴货款提供方便。

老C提醒：

只有签订了购销合同，才可以算是完成了销售业务。所以，销售员在跟客户达成共识之后就应该立即进入签订合同阶段。有些销售新手可能羞于提出签订合同，其实完全不必这样，因为签订合同既是完成交易，维护销售员自身利益的手段，也是确保客户正当利益的必要手段，签订合同才能获得双赢的结果。

二、实操过程

第一步　协商合同内容

销售员在制定合同之前首先应对合同的相关知识有一个全面的了解。

（一）合同主要形式

合同的主要形式有：书面形式、口头形式和其他形式。销售员与客户签订的合同一般为书面形式。

1. 书面形式

书面形式合同的具体特点如表4－1所示。

表4－1　书面形式合同

书面合同形式	合同书、信件和数据电文（包括电报、电传、传真、电子数据交换和电子邮件）等可以有形地表现所载内容的形式
书面合同特点	形式明确肯定，有据可查，对于防止争议和解决纠纷有积极意义
适用情形	1. 法律、行政法规规定必须采用书面形式的，应当采用书面形式 2. 当事人约定采用书面形式的，也应当采用书面形式
成立依据	1. 当事人采用合同书形式订立合同的，自双方当事人签字或者盖章后合同即宣告成立 2. 当事人采用信件、数据电文等形式订立合同的，可以在合同成立之前要求签订确认书，签订确认书后合同即宣告成立

2. 口头形式

口头形式的合同所具有的特点如表4－2所示。

表4－2　口头形式合同

口头合同形式	指当事人面对面地谈话或者以通信设备如电话交谈达成协议的一种形式
口头合同特点	直接、简便、快速
适用情形	数额较小或者现款交易通常采用口头合同形式
存在弊端	由于没有凭证，发生争议后，难以取证，不易分清责任

3. 其他形式

除了书面形式和口头形式外，合同还可以以其他形式成立。根据当事人的行为或者特定情形推定合同的成立，可以称之为默示合同。此类合同是指当事人未用语言明确表示合同成立，合同的成立是根据当事人的行为推定的。

比如，租赁房屋的合同，在租赁房屋的合同期满后，出租人未提出让承租人退房，承租人也未表示退房而是继续交房租，出租人仍然接受租金。根据双方当事人的行为，我们可以推定租赁合同继续有效。

（二）合同主要内容

合同的基本内容由当事人双方约定，一般包括以下条款。

（1）当事人，即经济合同双方的名称或者姓名和住所。

（2）标的，指合同双方当事人的权利义务所指向的对象，主要指产品或商品、服务等。

（3）数量，指标的的数量。

（4）质量和包装质量，指双方在合同中约定的标的质量及要达到的标准。

（5）价金，指取得标的的一方向给付标的的一方所应支付的代价（如价款、费用、酬金、租金等）。

（6）合同履行期限，指合同的履行期限和合同的有效期限。

（7）违约责任，指双方在合同中明确约定的违约方应承担的具体责任。

（8）履行的地点和方式，主要包括以下3点。

①交货方式：指双方约定的交接标的形式（如送货还是自提等）。

②运输形式：指双方约定的用何种运输工具、采用何种方式运输（空运、铁路、公路等）。

③交货地点：指双方约定的交接标的具体地点（尽量写详细，最好写上电话等联系方式）。

（9）解决争议的办法，指双方约定的在合同履行的过程中若发生争议和纠纷，自行协商不成时采取的解决纠纷的形式（仲裁机构仲裁与法院诉讼选择其一），写于合同条款中。

(10) 保密责任，合同涉及商业秘密，双方都应对此保密，泄露的一方要承担由此引发的一切损失。

(三) 协商合同内容

一般企业都有现成的合同文本。当客户表达购买意向之后，销售员要和客户商讨签订合同。商讨的内容主要是一些细节问题，具体有以下 4 个方面。

(1) 与标的有关的内容。与标的有关的内容主要包括客户购买产品或服务的型号、类别、数量、单价、质量标准、送货方式、到货日期等。

(2) 付款方式。销售员在与客户接触阶段就要做好客户的信用评估工作，然后根据客户的实际信用状况，酌情选择付款方式。如信用好、实力强的大企业可以允许后付款；信用一般的客户应该采取预付款，或者分期付款的方式。在订立合同时，销售员一定要从本公司的利益出发，坚持原则，最好要求客户预付款，以免发生拖欠款情况及造成不必要的麻烦。

(3) 合同的有效期限。

(4) 双方的违约责任承担。

其他条款一般都是合同法规定的基本条款，在企业起草合同时参照合同法的规定就可以了，不需要双方讨论，除非是涉外合同，可能某些条款不符合国际惯例，因此还需要双方具体协商。

第二步　填写合同

销售员在填写合同时需要注意以下几点内容。

(1) 销售员自己要清楚本企业合同条款的各项具体内容，做到每一条款都能向客户解释清楚。

(2) 在签订合同时，销售员要提醒客户仔细阅读合同的每一条款，如有问题及早提出，并协商解决。

(3) 合同填写完之后，双方各保留一份，销售员还要再仔细阅读一遍重要条款，以免发生错误。

(4) 填写合同时，字迹不要潦草，以楷体为佳，如果按照自己的书写习惯，字迹也要以能够看清、识别为标准。

(5) 认真填写各项内容，包括时间、姓名等，每一个字都不能马虎。

(6) 确保书写文字准确无误，尤其是银行账户、货款总额、联系电话等数字部分，若发生错误，后果不堪设想。

第三步　签订合同

接下来就是签订双方同意的合同。自然人之间的合同一般仅需要合同双方的签字，但是企业与企业之间、企业与个人之间的合同，一般情况下除了签字外还需要盖章。

在签订重大合同时，最好是双方当面签订，以免另一方采用欺骗手段签订假合同。

另外，签订重大合同，要看签订合同的另一方是否为法人代表，或是否为授权代表，是否有资格签订特定的合同。未经授权的普通职工甚至是经理、总经理签订的合同有时未必为合法有效的合同。例如一个销售员与某产品企业的经理签下代理销售合同，但如果该经理未经授权，则这一合同同样可能无效。

签订的合同如果为多页，双方除了在末页签字盖章外，最好是双方加盖骑缝章，以免对其他页内容的真实性问题发生纠纷。

第四步　管理并利用合同

（一）合同的管理

与客户签完合同，销售员还有必要对合同进行有效管理和利用，从而提高自己的工作效率。具体实施方法如下：

（1）对合同进行统一编号。销售员应从自己签订的第一份合同开始就对合同进行编号，以便于查阅。

（2）对合同进行分类存档。将合同编号之后，再按照一定的标准将合同分类保存。如按照付款方式不同、成交量不同、客户区域不同等进行分类保管。

（3）对客户建档进行管理。将客户的所有资料，包括合同都放在一起保存，便于分析客户，制定进一步的销售策略。

（二）合同的利用

销售员对合同进行存档管理，主要目的就是为自己的销售工作提供方便。

如何有效利用合同为自己服务呢？

1. 随时查阅，保证合同能被及时、正确地履行

销售员自己保存一份合同，随时可以查看合同的内容，如付款方式、交货时间、售后承诺等，及时兑现对客户的承诺。

2. 合理安排自己的工作计划

销售员可以根据合同内容来安排自己的工作计划，如规划收取货款的时间、安排回访计划等，从而提高工作效率。

3. 让合同成为销售的利器

将交易额较大的客户合同备份随身携带，关键时刻出示给犹豫不决的客户参考，以激发客户的购买欲望。

4. 便于掌握客户的信用状况

对客户合同进行存档，有利于销售员及时掌握客户的信用状况。一旦发现客户有违约行为，要及时报请法律顾问部门协助，尽快解决问题，以免给企业和个人造成损失。

老C提醒：

销售员在利用合同时，要遵循本企业中合同管理的相关规定，不要擅自做一些不符合企业规定的事情。

三、实操演练

1. 实操背景

根据以上所学内容，销售员小丽尝试拟定了一份销售合同。

2. 实操过程

（1）安排在销售方面很有经验的销售员S，对小丽的合同进行评价。列出五个优点和五个不足之处。

优点1：

优点2：

优点3：

（2）对不足之处提出改善建议。

不足1：　　　　　　　　　建议：

不足2：　　　　　　　　　建议：

不足3：　　　　　　　　　建议：

（3）若是个人演练，可以针对自身情况自行评估，列出优点和不足。

3. 模拟时间

1个课时。

4. 角色扮演

每2人一组。销售员1名，资深同事1名。

5. 效果要求

学员尝试写销售合同，以达到规范双方行为的效果。

工作任务三　告别客户

老 C：在销售活动中，不管成交与否，都存在告别客户这个环节。

小 C：这个环节没什么难的，管他买没买，走人不就得了。

老 C：里面学问大着呢，弄得不好，也就一锤子买卖！

小 C：为什么？

老 C：因为小树枝可以绊倒大象，小错误也能毁掉大生意，如果不注意很有可能在销售员身上发生。诸如，没有成交时，就不顾一切摔门而去，很失礼没有一点风度；成交后，喜形于色，忘乎所以，弄得客户以为自己又上当了……

小 C：是啊，这些小细节我平时也不怎么注意。

一、基础知识

不管成交与否，告别是销售活动中必不可少的一环。此时，销售员的表现对于销售业务的发展起到一定的推动作用。

与客户告别，分为未成交时的告别和成交后的告别两种情况。在这两种情况下，销售员的心情是不一样的，所以对离开时的表现要求也不一样。成功地将产品销售出去固然是每个销售员所希望的，但是，并不是每一次销售都能成功。销售员要学会应对没有购买产品的客户的方法，从而使其对销售员及产品留下良好的印象，并增加其将来购买的可能性。

二、实操过程

未成交告别

没谈成生意，不等于今后不会再谈成生意。俗话说："买卖不成仁义在"，一次没谈成，但却建立了与客户之间的感情，认识了一位潜在客户，留给客户一个良好的印象。这也是一种成功——为赢得下次生意播下了种子。

所以说，销售员应有一颗平常心，乐观地对待事物。只有在乐观和坚定的精神状态下，才能平衡心态，正确对待自己的失败，在告别时言行举止才能坦荡从容。

第一步　向客户说告别语

有些销售员面对失败，心中会感到沮丧，并会在表情上有所流露，失魂落魄、言行无礼。其实销售员完全可以利用告别的机会再一次塑造良好形象，为下次推销铺平道路。交易没有达成，销售员应继续保持和蔼的表情，不要翻脸，真诚友好地与客户告别，客气地说声“百忙中打扰您，谢谢！”、“谢谢您的约见，打扰了”、“打扰您了，再见”、“希望以后能有机会为您服务，再见”等，这样可以加深客户对你的好印象。

第二步　请求推荐客户

虽然业务没有谈成，但是销售员在离开之前，或者迈出门槛的一霎那，还是应回过头来，真诚的询问客户：“我们产品的好处您已经很了解了，希望将来有合作的机会。如果您的朋友、合作伙伴有这方面的需要，请您转告我，好吗?”请求客户推荐其他客户，是提升自己业绩的重要途径。

老C提醒：

交易失败后，销售员在离开时，千万不能做以下两件事情：

第一件事：责怪客户

销售失败，千万不要迁怒于客户或抱怨、责怪客户。销售员应好好分析没有成交的原因，保持良好的心态，这样可以为以后交易做好铺垫。

第二件事：失礼、没有风度

有时候，销售员在遭到客户拒绝时变得没有礼貌，离开时带着气。比如，离开时忘记关门或用力把门关上等，让客户感觉尴尬。这其实是自绝后路的做法，以后就会不好意思再去见这位客户。因此，即使销售失败也不要失去君子风度，仍然谈笑风生、有礼有节才好。

成交告别

成交了，双方皆大欢喜，销售员向客户告别时也要讲究礼貌，态度要诚恳，给客户留下一个好的印象，这对于建立长期合作关系有着相当重要的影响。

第一步　向客户表达谢意

销售成功，销售员达到了目的，客户需求得到了满足，虽然是双方互惠互利，但是成交后，作为一种礼貌，销售员要感谢客户能在百忙之中抽出时间进行商谈，感谢客户给予自己的帮助。在表达谢意时，销售员表现要得体，过头和不及都不适宜；表达谢意要有限度，不可表现得感激涕零，这样没有必要。另外，在向客户告别之前，为了表示对客户负责和对客户利益的关注，销售员应主动向客户保证：如果客户有什么问题或要求请随时通知，保证随叫随到或全力帮助解决。

老C提醒：

客户购买后，最怕别人说自己的决定不正确，有时决定购买之后又会马上后悔，尤其是女性客户表现得更为突出。销售员在达成交易后，离开之前应以适当的方式或语气赞美客户做了一个明智的决定，满足其渴望被肯定、赞许的心理。

第二步　主动告辞

手续办完，销售工作告一段落，销售员要适时、主动提出告辞，不可闲坐与客户聊天，否则不但会干扰客户的工作，耽误其正常的工作时间，还会给人不懂礼貌的感觉。即使有时候客户盛情相邀，情面难却，也不可久留。客户的挽留可能有下面两种意思。

（1）客户的挽留可能只是一句客气话，而不是真正希望销售员留下来，销售员不可太实在。

（2）客户用这种方法示意销售员离去，所以销售员要根据实际情况，适时提出告辞。

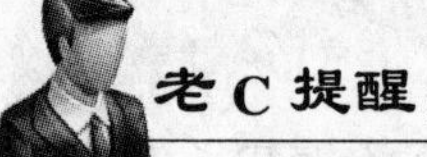

老C提醒：

交易成功后，销售员在离开时，也千万不能犯以下的错误。

错误一：得意忘形

由于做成交易较难，交易成功后高兴是正常的。但若是喜不自胜而得意忘形，甚至目空一切，往往会引起客户的反感。有时客户甚至会因反感而后悔做出购买决定，这样不但使成功的交易毁于一旦，而且事后也很难再次推销成功了。

错误二：惶恐不安

有时候因为交易好不容易成功，销售员深感成交不易或者勉强，害怕客户会变卦，因此神色慌张，不做礼貌辞别就急欲离开。销售员的这种行为很容易引起客户的猜疑，以为自己上当受骗，很容易反悔。

错误三：没有礼貌

在成交之后，有的销售员会变得狂妄，不向客户道谢或者匆匆离开，甚至连门都不关，这样也会给客户留下极坏的印象，影响以后的长期合作。

第三步 告别，离开

向客户再次表示感谢，比如，“感谢你对我们产品的厚爱与支持”，然后离开客户。

三、实操演练

1. 实操背景（本次实操演练以成交后细节处理为例）

小张是新近才做某品牌床垫的销售员，这天，他来到一户人家，销售一种折叠床垫。

2. 实操过程

经过一番介绍后，客户李女士想：家里常来客人，如果有一张折叠床垫，就可以直接铺在地板上当床用，平时不用时可以折进来放在储物间，也可以垫在睡觉的床上，这样也解决了一个大问题。

李女士：我能不能看看样品呢？

小张：您决定要买吗？买的话我就去搬。

李女士：如果我不保证买就不能见到床垫，是吗？

小张：当然不是，我是说我们的产品非常好，可谓经久耐用，价格公道，到哪里也找不到比这更好、更便宜的床垫了，您说不是吗？再说，您一看就是个好客的主人，常常会有远道而来的朋友，您要留他们住一晚，但又没有足够的床……

李女士：好了，好了，这些刚才你已经说过了。坦白地说：我是要买一张。

小张（很是高兴，忍不住搓着手）：啊，那简直是太好了，你真是个大好人！

李女士：我只是买个床垫，至于让他那么兴奋吗，是不是我的价格给高了，还是他卖的是多年的库存品给我……

最后虽然是付了钱，但李女士心里很是不爽。

3. 模拟时间

1 个课时。

4. 角色扮演

每 2 人一组，分为 2 组，也可交叉演练。销售员 1 名，客户 1 名。

5. 效果要求

学员能在交易达成后很有风度、礼貌地与客户道别。

习 题 四

一、单项选择题

1. 对于表明客户可能已经做好购买的准备，下列说法不正确的是（　　）。

A. 再次审视产品

B. 拿起笔作思考状

C. 离开会客室，与其他人交流产品情况

D. 客户一直作沉思状，表情变得不友善

2.（　　）法适用以下的情景。

（1）销售员之前做了大量成功的铺垫，各方面条件成熟。

（2）客户购买欲望非常强烈，并发出购买信号。

（3）客户是老主顾，并且关系一向非常好。

A. 直接成交　　B. 选择成交　　C. 小狗成交　　D. 前三种方法均不是

3.（　　）法使用时应注意以下事项。

（1）针对客户的购买动机和购买意向，先假定成交，后选择成交。

（2）看准成交信号，向客户提供成交选择方案。

（3）主动当好客户的购买参谋，帮助客户做出正确的成交选择。

（4）不要提出两个以上的选择。

A. 直接成交　　B. 选择成交　　C. 小狗成交　　D. 前三种方法均不是

4. 一般来说，（　　）特别适合那些日常消费品，比如某个品牌的化妆品，卖给客户洗面奶或面膜时，总要赠送一点眼霜。客户用过，感觉很好，一旦停用，发现眼角立刻出现了明显皱纹，结果不得不一直购买昂贵的眼霜。

A. 直接成交法　　B. 选择成交法　　C. 信赖成交法　　D. 小狗成交法

二、多项选择题

1. 好的销售员最懂得把握促成交易的最佳时机。那么交易促成的准则通常有（　　）。

A. 灵活　　B. 把握重点　　C. 完美　　D. 先解决重大异议

2. 客户的购买信号有（　　）及事态信号这几种。

A. 语言信号　　B. 行为信号　　C. 声音信号　　D. 表情信号

3. 客户的购买行为信号通常表现为（　　）。

A. 由静变动　　B. 动作放松

C. 由单方面动作转为多方面动作　　D. 有签字动作倾向

4. 销售员在达成交易后，离开之前应以适当的方式或语气赞美客户做了一个明智的决定，满足其渴望被（　　）的心理。

A. 肯定　　B. 优惠　　C. 感谢　　D. 赞许

三、是非判断题

1. 选择成交法，就是销售员得到客户的购买信号后，用简单、明了的语言，直截了当地向客户提出成交要求。(　　)

2. 销售员与客户签订的合同一般为书面形式。(　　)

3. 销售合同填写时应认真填写各项内容，包括时间、姓名等，每一个字都不能马虎。(　　)

4. 作为销售人员，应有一颗平常心、乐观地对待事物。只有在乐观和坚定的精神状态下，内心才能得以平衡；正确对待自己的失败，以免告别时言行举止从容，坦荡与否都没所谓。(　　)

5. 销售人员在向客户表达谢意时，可极尽所能的表达自己的感激之情。(　　)

四、简答题

1. 在销售工作中，销售人员最常见的工作之一就是与客户签定销售合同。一般而言，合同包括哪些条款?

2. 销售员对合同进行存档管理，主要目的就是为自己的销售工作提供方便。那么作为销售人员该如何有效利用合同为自己服务呢?

五、实操及案例分析

1. 请尝试拟订一份销售合同，然后参照“工作任务二”的内容，找出其优点和不足之处。

2. 销售新型去屑洗发水的小吴，这天去拜访一老客户，以下是她们的对话情景：

小吴：艾小姐，您好！我今天给您带来了此前我在电话中给所讲的那种洗发水，先看看吧！

艾小姐：好的。

看完样品及说明后，艾小姐觉得可以先买来试用一下。

艾小姐：要不先给我来一瓶用一下吧！

小吴：(一听很是高兴，忍不住搓着手)：啊，那简直是太好了，你真是个大好人！

艾小姐一见小吴那样心想：我只是买瓶洗发水，至于让她那么兴奋吗，是不是我的价格给高了，还是她卖的洗发水品质有问题……

请问对于以上情形，销售人员小吴究竟失误在哪里，自己工作中出现类似情形应怎样弥补方可？

参考答案

一、单项选择题

1. D　2. A　3. B　4. D

二、多项选择题

1. ABD　2. ABD　3. ABCD　4. AD

三、是非判断题

1. ×　2. √　3. √　4. ×　5. ×

四、简答题

1. 简答：合同一般包括以下条款：

（1）当事人，即经济合同双方的名称或者姓名和住所。

（2）标的，指合同双方当事人的权利义务所指向的对象，主要指产品或商品、服务等。

（3）数量，指标的的数量。

（4）质量和包装质量，指双方在合同中约定的标的质量及要达到的标准。

（5）价金，指取得标的的一方向给付标的的一方所应支付的代价（如价款、费用、酬金、租金等）。

（6）合同履行期限，指合同的履行期限和合同的有效期限。

（7）违约责任，指双方在合同中明确约定的违约方应承担的具体责任。

（8）履行的地点和方式。

（9）解决争议的办法，指双方约定的在合同履行的过程中若发生争议和纠纷，自行协商不成时采取的解决纠纷的形式（是到仲裁机构仲裁还是去法院诉讼），选择其一，写于合同条款中。

（10）保密责任，合同涉及商业秘密，双方都应对此保密，泄露的一方要承担由此引发的一切损失。

2. 简答：销售人员可按如下原则有效利用合同：

（1）随时查阅，保证合同能被及时、正确地履行。销售员自己保存一份合同，随时可以查看合同的内容，如付款方式、交货时间、售后承诺等，及时兑现对客户的承诺。

（2）合理安排自己的工作计划。销售员可以根据合同内容来安排自己的工作计划，如规划收取货款的时间、安排回访计划等，从而提高工作效率。

（3）让合同成为销售的利器。将交易额较大的客户合同备份随身携带，关键时刻出示给犹豫不决的客户参考，以激发客户的购买欲望。

（4）便于掌握客户的信用状况。对客户合同进行存档，有利于销售员及时掌握客户的信用状况。一旦发现客户有违约行为，要及时报请法律顾问部门协助，尽快解决问题，以免给企业和个人造成损失。

五、实操及案例分析

1. 略

2. 参考“工作任务三”的相关内容。

岗位职责五
销售款项管理

基础技能要点

1. 成功收款的重要性
2. 预防欠款发生的方法

核心技能要点

1. 客户信用调查
2. 收款的各项准备工作
3. 款项拖欠原因分析
4. 款项催收策略与方法

工作任务一　做好收款工作

老 C：交易顺利达成后，接下来自然就是收款的事宜了。

小 C：哎！这是个相当烦人的环节。

老 C：是感觉困难重重吗？

小 C：可不是！公司通常会将此作为衡量销售业绩的一个重要指标。

老 C：也难怪，凡是销售业绩好的销售员，必然有高明的收款技巧。

小 C：你就别卖关子，快教我几招吧！

老 C：别急，收款时只要做好以下方面的工作，通常就能将款项顺利收回。

首先应调查客户信用：制定调查计划→掌握信用资料→进行实地调查→确定信用等级

其次是做好收款工作：收款前需做工作→收款时应注意事项→收款后的回访沟通

一、基础知识

销售员只有把应收账款悉数收回，销售工作才算圆满结束。收款之道，贵在拥有坚定的信心，贵在有效地洞悉客户的心结，掌握客户的性格及其心理状态，然后针对不同的情况，辅之以有效的收款技巧。销售员如何才能成为收款高手呢，试用以下几种方法：

（一）捷足先登

永远要比自己的竞争对手早到几分钟，早到早收钱，晚到就有可能被客户拖延或根本收不到钱。

（二）加强联络

多打几个电话、多拜访几次，这样不但可以增强彼此的交情，更重要的是能够随时掌握客户的经营情况，防患于未然。

（三）事前核对

收款前，销售员应把“对账单”传真或以电子邮件方式传给对方，让对方核对所登记的应付账款是否一致，当然，最好再用电话和对方确认一下，并告知前往收款的时间，如此一来，可以使客户有所准备。

（四）保持警觉

收款时，客户如果一味奉承，一定有所企图，一定要提高警惕，保持警觉，小心应付，不要轻易答应对方延期付款或开立长期票据的要求。

（五）反复催讨

客户总是有“能拖就拖”的心理，因此，当客户借故拖延付款时，绝对不能心软，一定要多开几次口，反复催讨。

（六）态度坚决

在涉及实质性问题时，要表现出“公事公办”的态度，语句要坚决，但语气要温和。

（七）大倒苦水

“倒苦水”、“念苦经”是客户拖延付款时最常用的伎俩，遇此情况，销售员绝不能输给客户，应跟着客户大倒苦水、大念苦经，一定要道高一尺、魔高一丈，这样，才能顺利收回货款。

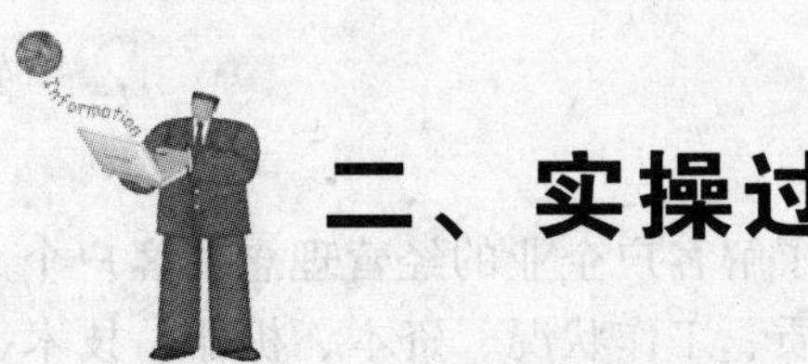

二、实操过程

调查客户信用

客户的信用情况是销售员确定付款方式和合作方式的重要依据，了解客户的信用情况以便顺利收款是销售员必须要做的工作。销售员对客户信用情况进行调查可做到：

（1）了解往来客户的信用情况，保障业务的安全，防止呆坏账的出现。

（2）找出信用优良的潜在客户，进行重点跟进，扩大自己的业务源泉，提高业绩水平。

第一步　制定调查计划

制定调查计划就是销售员针对客户的实际情况，制定一个调查时间表，确定调查内容和重点事项，以便顺利高效地进行调查工作。

第二步　掌握信用资料

信用资料分为“内部资料”和“外部资料”。

（一）内部资料

内部资料是指客户本身具有的资料，主要来源包括以下两点：

（1）长期性客户的以往交易记录，如往来交易数量、付款情形等。

（2）初次交易时为取得相互信任，双方采用提供资料的方式而保存的客户资料，如企业营业执照复印件、财务报表、票据交换所的个人信用证明资料等。

（二）外部资料

“外部资料”即来自第三方的侧面资料，获得途径是通过专业征信机构、银行业者和同行沟通来打听了解。

第三步　进行实地调查

（一）通过拜访了解

实地调查要求销售员在拜访客户的过程中，眼观六路，耳听八方，凭借敏锐的观察力和判断力，了解客户的真实情况，就掌握资料中的疑点进行分析，将分析资料与实情进行对照，确认是否相符。

（二）通过面对面沟通

通过和客户面对面的交谈，了解客户企业的经营理念、客户个人爱好和做事风格等；通过观察，了解客户企业的人员素质、工作状况、资本、机器、技术、市场等方面的情况，从而判断客户企业的发展潜力，并将此作为判定其信用的参考。

（三）通过其他途径

销售员还可以通过询问同事或本企业的派出机构、新闻报道来了解客户的信用状况。

第四步　确定信用等级

通过对客户的信用调查和资料分析，销售员可以将客户的信用进行划定，从而决定采用何种的付款方式和确定赊销的额度，具体情况如表 5－1 所示。

表5-1　客户信用等级及区分

信用评定等级	信用评分	付款方式选择	赊销限额（万元）	备注
一级：优秀	85分以上	后付款	100	要求担保
二级：良好	70～85分	后付款或分期付款	60	要求担保
三级：应注意	50～70分	预付款或分期付款	30	要求担保
四级：重点防备	50分以下	预付款	0	

收款作业实施

第一步　做好收款前准备工作

销售员的收款工作是根据合同约定的付款方式和时间来进行的，其困难程度不亚于销售工作，所以销售员收款时也要做好规划，协调好各方面的关系，以减少障碍，顺利完成工作。

老C提醒：

一般公司都对收款时间有明确的规定，销售员要清楚了解这一规定，及时收款，以免公司和自己遭受损失。

在收款之前，销售员要做好以下准备工作。

（一）整理资料

（1）根据客户情况采用信函、电话或电子邮件的方式事先知会客户。这里是一份信函收款通知，供销售人员日常工作中参考。

收款通知书

编号：　　　　　　　　　　　　　　　　年　　月　　日

承蒙贵公司赐顾，深为感谢。

兹送上贵司本月应付账款明细一份，敬请查收核对为荷。

公司将于　　年　　月　　日起至　　年　　月　　日派工作人员　　　　到贵公司结算款项，届时敬请协助与指导，深表感谢！

月	日	品名	等级	数量	单位	单价	总金额										说明
							千	百	十	万	千	百	十	元	角	分	

公司：

（2）整理好客户销货或者往来交易的统计，包括交易时间、交易数量，约定的付款时间、该收款金额等。

不同行业、不同客户，统计的内容有所不同，下面介绍两种统计方法，各有侧重，销售员可根据自己的业务情况选择使用。（具体如表5－2和表5－3所示）

表5－2　客户销货收款统计表

销货日期	销货单号	客户姓名	产品名称	单价	数量	金额	货款回收					
							日期	金额	日期	金额	日期	金额

备注：此表以货款回收期限为重点。

表5－3　客户销货管理统计表

客户名称			地址					电话					
销货状况							货款回收						备注
日期	售货清单	品名	规格	单价	数量	金额	日期	金额	日期	金额	日期	金额	

备注：此表着重于“客户管理”。

（二）联系客户

销售员在去收取货款之前或者货款到期前，要先跟客户联络，确定好收款时间和数额，让客户对自己应付的货款有所了解和准备。通常而言，销售员联系客户的方式有以下三种，具体表5－4所示。

表5－4　客户方式分类表

联系方式	释义	联系要领	适用范围
电话联系	通过打电话来跟客户确定收款工作的相关事宜	注意电话中语气要诚恳，态度要自然	主要用于老客户、同城客户或规模较小的客户企业
电子邮件联系	用e-mail的方式来提前通知收款工作的相关事宜	内容要详细说明收款时间、收款数额、具体收取哪一款项、由谁去收等，然后恳请客户确认、回复并安排相关事宜	主要用于新客户、异地客户或规模较大的客户企业

续表

联系方式	释义	联系要领	适用范围
信函联系	通过传真将收款信函发到客户处	利用信函时语言一定要委婉诚恳，书写要清楚工整，内容要齐全。信函主要包括：以前购买产品时的销货日期、品名、数量、金额；之前已收货款的日期，金额和尚欠金额；前往收款人的姓名和时间等，都要一一列明，让客户有一个准备。同时，也避免了客户因为销售员的疏忽而制造拖欠款的借口	主要用于新客户、异地客户或规模较大的客户企业

第二步 正式向客户收取货款

销售员向客户收取货款时应注意以下事项：

(1) 客户付款，不论是支票还是现金，都要当面点清，另外还要防止假钞，留心支票的各种有效凭证及填写是否正确等。

(2) 若客户不能一次支付全部货款时，销售员要将尚欠的款项再列入"欠款确认书"里，并请客户签字确认。(具体格式如表5－5所示)

表5－5 欠款确认书

<table>
<tr><td colspan="3">在____年____月____日，A公司（下称欠款人）向×××公司购得________产品，数量__________，货款共计________万元（大写），A公司定于______年____月____日前清还全部欠款。</td></tr>
<tr><td colspan="3">还款说明：</td></tr>
<tr><td rowspan="2">一次清偿</td><td>年 月 日</td><td>金 额</td></tr>
<tr><td></td><td></td></tr>
<tr><td>分期清偿</td><td>年 月 日</td><td>金 额</td></tr>
<tr><td>1期</td><td></td><td></td></tr>
<tr><td>2期</td><td></td><td></td></tr>
<tr><td>…</td><td></td><td></td></tr>
<tr><td colspan="2">合计</td><td></td></tr>
<tr><td colspan="2">客户代表（签章）</td><td>年 月 日</td></tr>
</table>

(3) 若客户对售货清单内的货款整笔支付时，应将客户签名的"收货回执联"交还客户，表明钱货两清。

(4) 若客户在付款时要求折让，销售员可在权力允许的范围内同意客户的请求，但要先向自己的主管汇报请示，同时请客户填写"折让证明单"。

(5) 收取货款时，如果客户因有事外出，可向其他有关人员收取；如对方因手续问题或权限上不允许，而客户短时间内无法赶回时，销售员可暂时离开并留下字条，待稍后或改日再拜访并收取货款。

（6）收款后，若无其他事件需办理，最好及时礼貌致谢道别。

第三步　收款后登账、交款

货款收回后，销售员还要继续做好以下工作。

（一）登录记账

销售员对于每天回收的货款要逐一做好记录，以免日后发生分歧；一般企业都有“货款回收登记表”，销售员要认真填写，如果没有，销售员可自行设计“货款回收日报表”，具体如表5－6所示。

表5－6　货款回收登记日报表

销售员姓名：　　　　　　　　　　　　　　　日期：　年　月　日

项次	客户名称	售货清单号码	销货金额	货款回收		折让	合计	尚欠金额	预计回收时间	备注
				现金	支票					

（二）及时交款

销售员收回款后，无论是现金还是支票都要及时交到财务部门，以免发生意外。若是支票，更要及时送交财务查证是否为空头支票，以尽快采取解决办法。

另外，交款时还要填好“回款单”，表明是哪家客户的哪笔货款；若收的是客户以前的欠款，还要跟本公司财务部门打招呼，划掉这笔未回款。

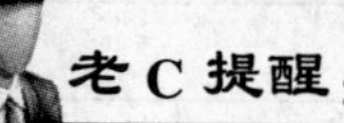

老C提醒：

当确认客户的货款已到本公司的账户，销售员应发函或回电与客户再次核对，并表示谢意，进而增进与客户的感情。

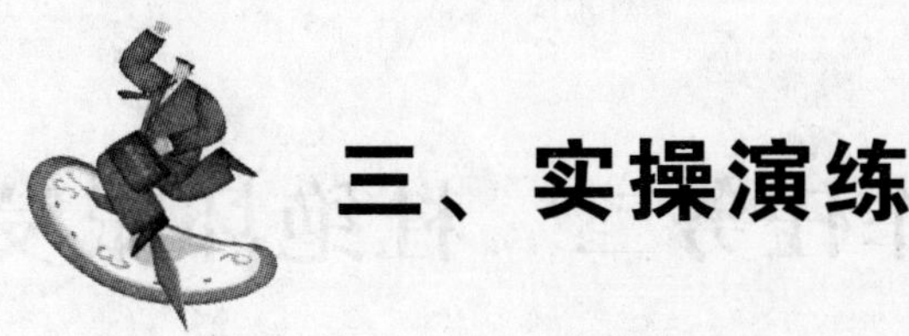

三、实操演练

1. 实操背景

小禾是户外灯具的销售员，刚进公司不久就收到一单大生意，为了顺利收款，小禾做了充分的准备。

2. 实操过程

（1）统计客户所欠货款。

（2）接下来就是跟客户联络，以确定好收款时间和数额，让客户对自己应付的货款有所了解和准备。

（3）小禾发了一封邮件给客户。具体内容如下：

××总经理台鉴：

欣闻贵公司近来生意兴隆，业务蒸蒸日上，甚为高兴。

前日至贵公司拜访，受热情接待，不甚感激。承蒙垂爱，惠予照顾敝公司产品，由于敝公司近日资金较紧张，我计划于×月××日上午前往贵公司收取货款，恳请协助。兹将货款明细列表如下，请详查。

日期	销售货品	规格	单价	数量	总价	前已支付日期	前已支付金额累计	尚欠金额	备注

以上如有疑问，请致电：××××××××

顺祝

商祺

××× 敬上

年 月 日

3. 模拟时间

1 个课时。

4. 角色扮演

1 个人。

5. 效果要求

学员最终能灵活运用手中工具技巧处理客户应收款项。

工作任务二　杜绝坏账发生

老C：在准备齐全收款的各种资料后，接下来就是应收账款的催收了，若不及时回收的话，可能出现这样那样的变故，让公司及个人蒙受损失。

小C：是啊，公司目前有这样的个案了，可这样的问题很难避免！

老C：只要处理得当，采取有针对性的办法，也不是不能解决问题的。

小C：那请您具体说说该如何做吧，我以后的工作中也好运用一下。

老C：在与客户打交道的过程中，首要的是防止款项拖欠情形的发生。

当款项拖欠发生时，则要冷静分析拖欠的原因；然后据此制定款项催收策略；最后运用恰当的方法将款项成功地收回。

一、基础知识

优秀的销售员，除了有好的业绩以外，还要尽力减少、杜绝呆坏账的发生。在平时的工作中，销售员应向客户提供良好的产品、优质的服务，以避免客户以此为借口拖欠货款。

最好的办法是防止款项拖欠发生，“防患于未然”总比“亡羊补牢”好。但是，总有客户会因为一些原因不能及时付款，此时销售员千万不要采取过激行为，例如诉诸法律等。除非迫不得已，否则，一般不要采取这一方式。发生客户拖欠款时，销售员要先分析客户拖欠款的原因，然后再采取针对性的应对办法。具体方法如下所述。

（一）约定预收款

销售员在与客户商讨协议时，可将预付款作为成交的条件，哪怕在其他方面做出一些让步，也要让客户预付款。

（二）事先明确事宜

合同中要明确各项事宜，尤其是付款方式和付款时间，防止客户找借口不付款；即使客户不按时付款，诉诸法律时也有据可依。

（三）做好业务记录

每一次出货、发货都做好记录并让客户方签字（当面或传真方式），明确在哪一天客户购买了哪些品种，合计多少钱；每一笔货款按约定又该何时回笼等，以免日后发生争议。

（四）时刻关注异常情况

一旦有客户企业法人代表易人、经营转向、办公地点更换、企业破产等情况出现，销售员应马上采取措施，防患于未然，杜绝呆账、死账的发生。若相关负责人离职，销售员千万要让其为自己办好还款手续，只要销售员态度坚决，一般离职人员都会做个顺水人情。

二、实操过程

第一步 分析款项拖欠原因

一旦客户有款项拖欠的情况发生，必须先分析其原因。通常而言，客户之所以拖欠款项，主要原因有以下几种：

（一）资金紧张

由于客户方投资扩大业务、运营较大项目或者企业经营不善等原因，很有可能造成资金紧张，没有富裕资金支付如广告费、货款等费用，从而产生拖欠款的现象。

（二）还没到付款时间

这个原因很可能是客户的一个借口，故意忘记付款时间而与销售员捉迷藏；或者是销售员自己记错时间提前结款。

（三）没有审批

这涉及公司的审批制度问题。一般公司付款都要有总经理或总监签字，若他们出差暂时不在，其他人员亦不敢擅自作主结款。销售员要事前了解客户公司的审批制度。

（四）出纳不在

因出纳有事外出或者休假，可能造成销售员无法结款。不过，此种情况一般发生在小公司，大公司制度很完善，若出纳休假会安排其他人员负责此项工作。有时，这是客户拖延付款的借口，出纳可能就在办公室内。

（五）产品未销完、销路不好或者客户的客户尚未结款

这个原因主要是针对渠道商，有时候，他们会以产品的销路为借口，故意不按时结货款或者以此要求销售员加大折扣力度，提高自己的利润率。

（六）故意不付款，信用差

有些客户故意耍无赖，就想欠款，态度还极其恶劣。销售员应重点注意这类客户，宁可不签单，也不要委曲求全，否则最终会给己方企业带来损失。

老C提醒：

销售员在平时与客户接触的时候，就要有意识地和客户企业的相关人员处好关系，例如财务、前台秘书等，在关键时刻他们很可能会给销售员提供帮助。

第二步　制定款项催收策略

销售员虽然对客户款项采取了一定的防范措施，但还是难免会发生拖欠款现象。因此销售员在提高警惕的同时，一旦发现客户有拖欠款迹象，应尽快探知客户拖欠款的原因，然后制定相应的收款策略。

（一）欠款催收准备

1. 进行风险等级评估

销售员可按照欠款的回收时间及回收可能性，将货款分为未收款、催收款、准呆账、呆账、死账这五类。对不同类型的货款，销售员应采取不同的催收方法，施以不同的催收力度。

2. 做好催收全面策划

销售员依据货款期限的长短、金额大小及类型、客户的为人及信誉度、资金实力、客户单位离本公司的远近等因素，做出一个轻重缓急的货款回收计划。

3. 调整合作关系

发现客户有拖欠款的迹象，销售员要及时调整与客户的合作关系，以免拖欠款越积越多。销售员经过调查分析，根据客户的信用情况、性格特点、市场情况、关系密切程度等因素采取不同的调整方式。销售员调整的方式有以下两种：

（1）暂搁下拖欠款不提，继续合作，但强调“要想进货，一律现款”，这样可以稳住客户，保持客户及销量，客户发展了，再让其还拖欠款也容易得多。

（2）暂停合作，对于那些具有故意拖欠迹象的客户，销售员在拿到拖欠款之前不能再和他谈生意。即使客户说以后还有天大的买卖要合作也不要动心，收款是最大的事，否则吃亏

的就是销售员自己。

（二）欠款催收要点

1. 把握好时机

销售员在催收货款时，一碰面不必跟客户寒暄太久，要赶在客户向你表功或诉苦之前表明态度。销售员可直接告诉客户，自己是专程来收欠款的，让客户打消任何拖、赖、推的思想。

2. 掌握好时间

根据拖欠款客户还款积极性的高低，销售员在收取欠款时要掌握好时间，对待不同的客户应在不同的时间收取，具体如表5－7所示。

表5－7　销售员收取拖欠款时间解析表

情况＼办法	时间策略	备注
还钱较积极客户	在约定的时间必须前去，且尽量将上门的时间提早	避免客户反咬一口，说："我等了你好久，你没来，我要去做其他更要紧的事了"
还钱不积极客户	必须提前去等候，或先打电话过去让客户准备，催客户落实款项	当对方答应还款时，可让其通过银行汇款，以免前去催收花差旅费和浪费时间
故意拖欠客户	经常联系，软磨硬泡，摆出长期作战的姿态	亦可安插内线，在探知对方有现金或账户上刚好有一笔进款时，就立即赶去
拒不付款客户	出其不意，上门催讨；实在不行，诉诸法律解决	注意有礼有节

另外，还要注意，给拖欠款客户打电话的时间也是有学问的，选择他们情绪最佳的时间打电话，效果可能会好些。比如，下午3～4点这个时段打电话可能比较好。因为客户们上午一般忙着做生意，下午是他们点钞票的时候，此时间段心情都较好，收取拖欠款容易被接受。

3. 胸有成竹

销售员在收拖欠款的过程中还需归纳整理账目，做到胸有成竹。如果销售员自己都不清楚应收账款的明细的话，收款效果肯定不佳。同时，必须与客户对清账目，留下其签字依据，为以后结清欠款时避免争议。

4. 有礼有节

在收到拖欠款后，销售员要做到有礼有节。在填单、签字、销账、登记、领款等每一个结款的细节上，销售员都要向其具体的经办人真诚地表示谢意。

如果只收到一部分货款，与约定有出入时，销售员要马上表现出一副不依不饶的态度。如因对方的确没钱，也可以放他一马。发作的目的主要是让他下一次别轻易食言。一般在此时，不要耐心地听对方说明。

如客户的确因重大原因缺乏资金，销售员在理解客户难处的同时，也要向客户阐明自己的难处。例如因没收到拖欠款，已被扣发一个月的工资，还连累销售部经理也被扣发了半个月的奖金。在诉说时，销售员要做到神情严肃，力争动之以情。

第三步　收取欠款

作为销售员，在收取欠款时，不仅要采取一定的策略，还要掌握并运用成功收取款项的方法。以下是货款催收时常用的一些方法，供销售员日常工作中运用。

（一）软磨法

1. 适用范围

软磨法通常适用于关系重要、得罪不起的客户或大客户、老客户。

2. 操作要领

（1）耐心礼貌地采用信函、传真、电话，甚至是亲自上门等方式软磨。

（2）必要时摆出长期作战的架势，如在客户的办公室或住地旁住下，客户心烦意乱就会结款了事。

（二）关系法

1. 适用范围

关系法主要适用于关系重要的重点客户。

2. 操作要领

通过第三者协调来解决付款问题。如通过熟悉客户的朋友、同事、同乡或通过他们找到客户熟悉的人，由此人帮助说情、讲理、沟通感情、发展关系，使问题得到解决。

（三）轰炸法

1. 适用范围

轰炸法适用于关系一般的客户或销售员手里客户较多时运用。

2. 操作要领

（1）三番五次超过措辞强硬的信函、电话、传真手段直接催。

（2）亲自上门表明立场。

（3）必要时可在客户处上班，摆出誓不罢休的架势，目的是让客户望而生畏，尽快付款。

（四）代价法

1. 适用范围

当企业产品有市场优势，关系客户企业发展，客户有求于销售员的情况或销售员手里有较多客户时使用。

2. 操作要领

（1）停止发新货，前款到账再发新货。

（2）扬言占据客户经营场地，拉走客户货品或物资。

（3）通过新闻舆论公布事实真相，给客户造成压力，感觉拖欠款得不偿失，尽快付款。

（五）压力法

1. 适用范围

关系一般、销售员手里客户较多或者关系重要，但拖欠款时间过长的情况。

2. 操作要领

（1）通过写信或走访客户的主管部门、银行、工商、税务、行政管理部门，争取同情与支持。

（2）通过新闻单位、公众舆论部门或客户的同行单位、客户的客户，争取他们的同情与支持，给客户制造压力，促使客户早日还款。

三、实操演练

1. 实操背景（本次实操演练以电话催款为例）

S公司已经拖欠K公司三个月的货款了，累计欠款额10万元，销售员刘××通过电话方式催收客户所拖欠款项。

2. 实操过程

小刘：您好！请问蔡总在吗？

客户：我就是，你是……？

小刘：我是K公司的销售员刘××，能不能打扰您5分钟时间？

客户：是你啊，什么事？

小刘：蔡总，您什么时候方便，我过去结款？

客户：欠你多少钱？

小刘：一共10万元。

客户：什么？10万元，有那么多吗？

小刘：您已经3个月没有给我结款了，3、4、5这3个月您一共进货4次，累计货款10万元整，您看我明天上午过去结款行吗？

客户：最近我们公司资金也很紧张，过几天吧。

小刘：我理解您经营公司的难处，可是您那么大的公司也不在乎这点钱。为了给您赊账，我可没少跟经理费口舌，结果您迟迟不结款，我在我们经理面前不但抬不起头，而且公司已经扣发了我一个月的奖金了。哪怕用这钱请您吃饭也比被公司扣了强啊！

客户：（发出笑声）有这么严重吗？

小刘：我说的千真万确，您再不给我结款，说不定下个月我就会被辞退，该喝西北风了！

客户：让我和财务商量一下，你明天给我打电话吧！

小刘：好的，那我明天上午10：00给您打电话。拜托您一定帮我解决啊！

客户：没问题！

小刘：谢谢您，再见！

3. 模拟时间

1个课时。

4. 角色扮演

销售员1名，经理1名。

5. 效果要求

学员学会收取货款的技巧，并能成功地将欠款收回。

习　题　五

一、单项选择题

1. 客户的（　）是销售员确定付款方式和合作方式的重要依据，了解客户的信用情况以便顺利收款是销售员必须要做的工作。

A. 销售状况　　B. 产品质量　　C. 资金状况　　D. 信用情况

2. 找出信用优良的（　），进行重点跟进，扩大自己的业务源泉，提高业绩水平。

A. 现有客户　　B. 潜在客户　　C. 大客户　　D. 前面说法均不对

3. （　）就是销售员针对客户的实际情况，制定一个调查时间表，确定调查内容和重点事项，以便顺利高效地进行调查工作。

A. 制定销售计划　　B. 制定产品计划　　C. 制定调查计划　　D. 制定出访计划

4. （　）是指企业本身所拥有的客户资料，主要来源包括长期性客户的以往交易记录等途径。

A. 外部资料　　B. 第二手资料　　C. 调查资料　　D. 内部资料

5. （　）即来自第三方的侧面资料，获得途径是通过专业征信机构、银行业者和同行沟通来打听了解。

A. 内部资料　　B. 外部资料　　C. 潜在资料　　D. 调查资料

6. 在收款之前，销售员要做好的准备工作有整理资料和（　）。

A. 联系客户　　B. 了解情况　　C. 制定表格　　D. 信用情况

7. （　）通常适用于关系重要、得罪不起的客户或大客户、老客户。

A. 关系法　　B. 软磨法　　C. 轰炸法　　D. 代价法

二、多项选择题

1. 通常而言，销售员联系客户的方式有三种，具体是（　）。

A. 电话　　B. 电子邮件　　C. 信函　　D. 上门面询

2. 货款收回后，销售员还要继续做好的工作有（　）。

A. 登录记账　　B. 及时交款　　C. 表达谢意　　D. 向财务说明情况

3. 销售员可按照欠款的回收时间及回收可能性，将货款分为（　）呆账、死账等。

A. 未收款　　B. 催收款　　C. 准呆账　　D. 前面三种均不是

4. 整理好客户销货或者往来交易的统计，包括（　），约定的付款时间、该收款金额等。

A. 交易地点　　B. 交易时间　　C. 交易范围　　D. 交易数量

5. “外部资料”即来自第三方的侧面资料，获得途径是通过（　）和同行沟通来了解。

A. 专业征信机构　　B. 企业内部　　C. 交易客户　　D. 银行业者

三、是非判断题

1. 销售员收款后，现金要及时交到财务部门；支票应兑好后再交到财务部门。（　）

2. 销售员在与客户商讨协议时，可将预付款作为成交的条件，哪怕在其他方面做出一些让步，也要让客户预付款。(　　)

3. 当企业产品有市场优势，关系客户企业发展，客户有求于销售员的情况或销售员手里有较多客户时使用，销售人员可使用轰炸法进行催款。(　　)

4. 关系法通常适用于关系重要、得罪不起的客户或大客户、老客户。(　　)

5. 软磨法适用于关系一般的客户或销售员手里客户较多时运用。(　　)

6. 压力法适用于关系一般、客户较多或者关系重要，但拖欠款时间过长的情况。(　　)

四、简答题

1. 作为销售人员，如何才能让自己成为收款高手呢?

2. 销售人员对客户的信用情况进行调查，这样做可达成什么样的目的?

3. 销售人员在向客户收取货款应注意哪些方面的问题?

五、实操及案例分析

1. 销售员对于每天回收的货款要逐一做好记录，以免日后发生分歧；一般企业都有“货款回收登记表”，销售员要认真填写，如果没有，则需销售人员自行设计。请销售人员尝试拟订一份“货款回收日报表”。

2. E公司已经拖欠J公司三个月的货款了，累计欠款额15万元，该笔业务是销售员小莉负责的。公司给小莉下命令，要她本月必须收回货款的2/3，否则别说奖金，最后工资都别想拿上。无奈，小莉只好硬着头皮出马。

请试着帮助小莉设计一下货款成功收取的对白。

参考答案

一、单项选择题

1. D　2. B　3. C　4. D　5. B　6. A　7. B

二、多项选择题

1. ABC　2. ABC　3. ABC　4. BD　5. AD

三、是非判断题

1. ×　2. √　3. ×　4. ×　5. ×　6. √

四、简答题

1. 简答：略

2. 简答：销售员对客户信用情况进行调查可做到：

(1) 了解往来客户的信用情况，保障业务的安全，防止呆坏账的出现。

(2) 找出信用优良的潜在客户，进行重点跟进，扩大自己的业务源泉，提高业绩水平。

3. 简答：略

五、实操及案例分析

具体可参照“工作任务一”的相关内容。

参考答案：略

岗位职责六
客户关系维护

基础技能要点

1. 客户服务的基本原则
2. 客户抱怨的类别
3. 客户投诉处理需遵循原则
4. 退货及索赔条件

核心技能要点

1. 客户服务具体层面
2. 客户抱怨处理流程及技巧
3. 客户投诉处理技巧
4. 退货及索赔处理方法

工作任务一　做好服务细节

老C：做销售就是做服务，服务客户就是服务自己。销售员在工作中要注重客户服务的每一个细节，才能让自己立于不败之地。

小C：那客户服务究竟涵盖于哪些环节呢？

老C：其实，从销售员准备接触客户到成功签约，就要一直为客户服务，只是各个环节的侧重点不同而已。销售员要想服务好客户，首先就得了解客户服务的具体内容。

小C：客户服务的内容包括哪些方面呢？

老C：依据销售过程中时间的不同可将整个销售服务分为售前、售中、售后服务三个阶段。作为销售员，各阶段客户服务的内容，都要牢记并灵活运用到自己的销售工作中去。

小C：那么在日常工作中，销售员应如何规范自己的行为，为客户提供满意的服务，从而提高销售业绩呢？

老C：具体可以这样做：

售前：做好市场调查，收集客户资料，了解客户需要，然后选择适当的产品介绍给客户；确认客户预定的产品是否有适合的使用条件，如有问题要事先安排好补救方法。

售中：要详细说明产品性能，指导正确的使用方法，让客户牢记日常维护要领，叮嘱客户管理方法及保存、保养方法。

售后：适时回访，及时发现问题并解决；定期检修，发生故障时及时抢修；旧产品使用一段时间后，要在适当时候劝导客户换用新产品等。

一、基础知识

服务客户总的原则就是用心、真诚、履行承诺，无论是企业还是销售员都应如此。除此之外，还要注意以下的客户服务原则。

（一）树立正确的服务观念

企业的生产和一切营销活动都要以客户的需求为中心展开，不要单纯追求企业自身的经济效益。服务一定要长久和守信，才能收到好的效果。

（二）培养良好的服务态度

热情、周到、细心、为客户着想是每一位销售员都要做到的。不同的客户，由于其性格、年龄、职业、受教育程度和消费习惯等不同，他们的购买动机和心理需求也会有差异，所要求得到的服务期望也不一样，销售员面对每一位客户时都要留心观察，设身处地地为他们着想，热情细致地提供他们所需的服务。要想做到这些，需要企业树立正确的服务理念，不断培养员工的服务意识，使其养成良好的服务习惯。

（三）尊重每一位客户

不论客户购买量的多少，也不论客户穿着如何，销售员都要同等对待、一视同仁，切不可以貌取人、差别对待。如果让客户感觉受到了不平等的待遇或者受到轻视，那么交易将很难达成，重复购买将很难实现，还可能通过辐射传导，影响企业的声誉和未来的发展。

（四）符合客户的需求

服务的真谛就是在客户需要的时候，用客户希望的方式提供客户需要的服务。如果服务很好，但却不是客户想要的，那等于是画蛇添足，多此一举。

例如，现在有些商家搞“买一送一”的促销活动，送的都是没有用的物品，或者降价优惠的商品都是些残次品、库存商品，这样的服务达不到促销的目的，反而还会损害企业的形象。

所以，销售员必须切实从客户的需要出发，制定切合客户的服务方式和服务内容。

（五）提供独特的优质客户服务

在目前激烈的市场竞争氛围中，企业之间的竞争很大程度上是服务的竞争。要想在竞争中脱颖而出，企业的服务必须独具匠心，有自己的特色和个性，以满足客户多方面的需求。

二、实操过程

售前服务阶段

小C：售前还能有什么服务，它具体有哪些内容啊？

老C：不仅有，而且还比较重要。售前服务就是指在广泛调查的基础上，通过对目标市场特点和客户购买心理进行研究，在客户未接触产品之前，用一系列方法激发其购买欲望所提供的各项服务工作。

小C：哦！

老C：随着市场竞争的加剧，客户选择机会越来越多，所以，优秀的销售员通常会把售前服务当做重要的竞争手段。

小C：你就给讲讲售前服务的具体内容吧！

老C：好，售前服务主要包括以下几个层面。

层面一：为客户着想，给客户提供各种方便

要想赢得客户，吸引客户购买自己的产品，企业就应该从客户的角度出发，尽可能为客户提供方便，让他们心甘情愿买你的产品。如何才能达到这样的效果呢？企业需要做到以下两点：

（1）进行充分的市场调查，了解客户的需求，生产适合目标客户的产品；

（2）给客户提供各种便利，如为客户提供技术培训、免费咨询指导，商场设立服务台、试衣室、休息室、存包处、自动柜员机等，让客户觉得方便，进而乐意购买。

层面二：开展广告宣传

如今广告无处不在，广告已经成为引导人们生活消费的重要方式。各种商业广告实际上也是一种售前服务，是商家引导消费、传递信息、促进销售不可缺少的重要手段。广告既可以为客户提供信息和知识，扩大企业或产品的影响，又可以诱发客户的需求欲望。企业要根据自身情况及自己产品的特点、市场定位等来选择合适的广告媒体进行宣传，以达到吸引目标客户购买的目的。电视、报纸等大众媒体的商业广告及文字报道、展览会、橱窗陈列、露天广告牌等宣传方式适合各类企业选择使用。

层面三：开展社会性公关服务活动

目前很多企业通过采用赞助、冠名等形式来扩大企业的社会影响力，提高企业的知名度和在人们心目中的美誉度，进而达到了扩大销售的目的。另外，企业举办新闻发布会、记者招待会、产品展销会等也可以吸引人们的眼球，塑造企业的公众形象。

层面四：开设培训课堂，为客户提供技术咨询和指导

如今有很多企业采取开设培训课堂，为客户提供咨询和指导的服务方式，如销售化妆品的公司会开设讲堂，请护肤专家讲解美容护肤知识；销售干洗机的厂家开设学习班，免费为想投身此行业的人讲解如何干洗衣物及于洗机的使用方法，直到客户掌握了该项技术为止。这种服务方式不但方便了客户，而且也促进了企业产品的销售。

售中服务阶段

售中服务主要指销售员及零售企业的营业员在销售产品的过程中为客户提供的各种服务，目的是消除客户顾虑，以便最终达成交易。在这个过程中，销售员要以热诚的态度对客户进行贴心服务。

第一步　帮助客户挑选产品，当好参谋

每位客户都希望买到称心如意的产品，但是由于缺乏相关专业知识，往往不知如何挑选产品。因此，帮助客户挑选产品就成为售中服务的重要内容。帮助客户挑选产品主要有四项内容：

（1）热情周到地为客户介绍产品性能、质量、用途、保养等知识，帮助客户充分了解产品的特点。

（2）为客户在同类产品之间作比较，使客户明确各产品的优点和缺点，以便进行选择。

（3）耐心地解答客户提出的疑难问题。

（4）针对不同客户的特殊要求，为其推荐产品，做好参谋。

老 C 提醒：

在销售活动中，有的客户与销售员建立了互信关系，他们会根据自己的实际情况提出一些特殊要求，希望销售员能帮助提供专业建议。这时，销售员应先感谢客户对自己的信任，然后根据客户提供的资料和提出的要求，为客户量身订做一到两个解决方案或产品组合方案，以便客户能从中进行挑选。为有特殊要求的客户提供建议时，关键要注意与客户充分沟通，并且尊重客户的选择，不要把自己的兴趣爱好强加于客户，有必要时可多做解释。

第二步　讲清产品使用方法

（一）说明正确的使用方法

销售员应该向客户简单地介绍产品的使用方法。

（1）对于一些使用方法比较特殊的产品，销售员可以采用现场演示的形式向客户介绍正确的使用方法。

向客户介绍产品使用方法时应该做到以下 3 点。

①销售员应该主动、耐心地向客户介绍产品的使用方法，不能因为任何原因而拒绝客户的要求。

②在进行产品使用演示时，销售员应该采用由浅入深的方式，先向客户介绍基本的使用方法，然后再介绍其他的使用方法。

例如，销售员在向客户介绍微波炉使用方法时，应该先介绍打开和关闭微波炉的方法，然后再介绍使用微波炉加热食物的方法。

再比如手机，销售员在介绍产品使用方法时，应该先向客户介绍开机、关机、装 SIM 卡、换电池、为电池充电的方法，然后再进一步介绍接听电话、打电话、收发信息等方面的具体使用方法。

③针对产品的特殊功能，销售员应着重介绍使用方法。即使客户以前使用过类似的产品，但是对于新产品的特殊功能，客户可能不是很了解。因此，销售员应该向客户着重介绍特殊功能的使用方法。

例如，在对新上市的有照相功能的手机进行使用介绍时，销售员就需要着重为客户介绍照相功能的使用方法。这样不仅能够增加客户对产品的认同程度，也方便了客户今后的使用。比起直接让客户阅读使用说明书，这样的服务显然会让客户更加满意。

（2）对于使用时有限制条件的产品，销售员在向客户进行产品说明时，一定要强调使用时的注意事项。

①根据产品的特性，说明使用产品时的注意事项。

例如，对于衣服等商品，销售员应该向客户介绍在日常清洗时应该注意的问题，例如水温、洗涤方法、晾干方式、熨烫方法等。

②告知客户遇到紧急情况时应该采取的正确处理方法。

例如，对于电器产品，销售员应该向客户说明遇到产品起火、冒烟等情况时应该采取的急救方法。

（3）在客户购买商品后，销售员还应该提醒客户在使用前一定要仔细阅读产品说明书。

（二）介绍产品保养方法

销售员在向客户介绍产品保养方法时，应该介绍以下两个方面的内容。

（1）销售员首先应该向客户说明，在使用产品的过程中应该如何对产品进行保养。

以数码相机为例，销售员在向客户介绍相机的日常保养时，就应该介绍日常使用时防止相机外观受损的方法、保持相机镜头干净的方法、维护相机内部电路的方法等。对于有特殊使用要求的客户，销售员还应该向客户介绍在寒冷、干燥、潮湿、高温等环境使用时，应该如何保养相机。

（2）销售员还应该告诉客户应对产品进行定期的专业保养。

例如，在向购买汽车的客户说明保养方法时，除了向客户说明在使用过程中如何对产品进行保养外，还应该告诉客户多长时间应该将汽车进行专业的保养，如行驶5000公里就应该换三滤、加润滑液；随着里程的增加，客户保养时应该检查的项目也要逐渐增加。

第三步　提供售货服务

客户决定购买销售员的商品以后，销售员就要提供售货服务，售货服务主要指销售员在客户确认购买后，为客户代办各种购买手续的服务。主要包括检查产品、计价、收款、包装、交代保用事宜等等。售货服务的要求：

（1）迅速——服务要及时、快捷，购买决定一经做出，就马上行动；

（2）准确——要求交货前检查产品，保证产品的质量、规格、数量准确无误，同时计价、收款等不可出错；

（3）周到——要主动帮助客户处理各种代办事务，清晰准确地交代各项保用事宜，要多为客户着想，为客户提供方便，满足客户各种特殊的、合理的要求。

第四步　财务服务

财务服务是指销售员在财务结算方面运用商业信用职能为客户购买本企业产品提供方便。提供财务服务的目的是解决客户购货资金方面存在的困难，使客户的未来购买计划转变为即刻的购买行动，使潜在客户转变为现实客户。

财务服务主要有两种形式：一是延期付款，二是分期付款。延期付款指客户在购买产品时不当场付清货款，而是在双方协商规定的以后某个日期内一次性付清。分期付款指客户购买产品时不需一次付清全部货款，而是按双方规定的条件先支付部分货款，余下部分在一定时期内分数次还清。

老C提醒：

为了保证企业利益不受损失，销售员在提供财务服务时，必须考察采用延期付款或分期付款的客户是否具备良好的信誉，有无按期付款的能力，如果是工商业客户，还要考察它是否具有法人资格。必须在取得可靠保证后才能签订延期或分期付款合同。

第五步　各种代办服务

代办服务是指销售员代替客户办理各种按照常规由客户自行办理的事务，比如代办包装、托运、各种购买手续、合同等。

客户在购买过程中往往会遇到一些按常规需自行解决而自己又难以解决或办理起来较为繁琐的事情。如果销售员能够充分利用自己各方面的有利条件帮助客户解决难题，就会推动客户购买，扩大销售，赢得客户的信任。

比如，消费者购买汽车后，还要专门抽出工作时间到车管所办牌照，既麻烦又耗时。如果销售员能提供代办上牌服务，就能给客户节约大量的时间，简化了购买手续，有利于激发客户的购买欲望，对促成客户购买起到一定作用，同时销售员还可能因此赢得良好的口碑。又如，逢年过节有的客户想购买产品寄给远方的亲朋好友，但可能碍于精力和时间限制，始终没法寄出，销售员就可以主动提供代办服务，帮助客户办理托运或邮寄。这样不仅能促成客户的购买，还能赢得客户的好感，为建立持久的客户关系打下基础。

售后服务阶段

售后服务指产品售出以后，企业或销售员应该提供的服务。

老C：在同类产品日益同质化的今天，售后服务已经成为影响客户选择产品的重要因素。

热情、方便、周到的售后服务，可以消除客户的后顾之忧，树立客户对企业的信任感，巩固老客户，促进他们连续购买，还可以通过这些客户的间接宣传，争取到更多的新客户，开拓新市场。

小C：那我们应该为客户提供哪些方面的售后服务项目呢？

老C：通常而言，售后服务项目具体包括以下所述几个层面的内容。

项目一：免费送货

如果客户购买的商品体积过大且笨重，或者客户一次购买数量过多、自行携带不方便时，商家有必要提供免费送货上门服务。目前，一般的家电商场、家具建材城等都有此项服务。此项服务不但方便了客户，还给企业带来了经济效益。

项目二："三包"服务

"三包"服务指企业推出的包修、包退、包换服务承诺。

(1)"三包"服务的期限规定

对"三包"服务的期限一般有如下几方面的规定：

①包退服务——即商品自出售之日起的一定时期（通常为7天）内，发现商品有质量问题的客户可以要求退货；

②包换服务——即商品白出售之日起的一定时期（通常为15日）内，发生性能故障或对商品不满意，客户可以选择对商品进行更换；

③保修服务——即商品自售出之日起的一定时期（通常是1~3年）内，商品可以享受免费维修的服务，超过保修期则收取一定的维修费用及零配件的成本费。对大件商品，则提供上门维修服务。

(2)不属于"三包"服务的情况

凡是出现下列情况的，均不属于"三包"的范围，销售员要向客户详细告知：

①因客户使用、维护、保管不当造成损坏的；

②因非指定承担"三包"的修理者拆动造成损坏的；

③无三包凭证及有效发票的；

④三包凭证型号与修理产品型号不符或者涂改的；

⑤因不可抗拒力造成产品损坏的。

(3)为客户填写保修卡

对于需要填写保修卡的产品，销售员应该帮助客户填写保修卡。一般的保修卡需要填写的内容包括以下3个方面：

①客户的基本信息，包括姓名、联系电话、住址、邮政编码等；

②经销商的基本信息，包括公司名称、联系电话、地址、邮政编码等；

③产品的基本信息，包括产品名称、型号、机号、购买日期等。

以下是一份产品的保修卡，供销售员参考运用。

项目三：安装服务

有些产品在使用之前需要进行安装，如空调、大型机器设备等。因为客户没有相关的安装设备与技术，这就需要企业提供安装、调试服务。这也是企业及销售员售后服务的主要内容之一，销售员应高度重视。

××产品保修卡

型号：＿＿＿＿＿＿＿＿机号：＿＿＿＿＿＿＿＿

购机日期：＿＿＿＿＿＿＿＿＿＿＿＿＿＿＿＿

用户姓名：＿＿＿＿＿＿＿＿＿＿＿＿＿＿＿＿

地址：＿＿＿＿＿市/省＿＿＿＿＿县＿＿＿＿＿区

电话：＿＿＿＿＿＿＿＿邮编：＿＿＿＿＿＿＿＿

销售商：＿＿＿＿＿＿＿＿＿＿＿＿＿＿＿＿

负责人：＿＿＿＿＿＿＿＿＿＿＿＿＿＿＿＿

地址：＿＿＿＿＿＿＿＿＿＿＿＿＿＿＿＿

电话：　　　　　　　　邮编：

项目四：包装服务

产品包装也是客户服务中不可缺少的项目，它可以给企业带来两点好处：

（1）美观、耐用的外包装能增加客户对产品的好感；

（2）包装物上印有企业名称、电话等相关信息，对企业也是一种宣传，可谓一举两得。

项目五：提供知识性指导和产品咨询服务

现在很多企业都设有全国服务中心和免费服务电话。客户在购买产品以后，可能会遇到各种各样的问题需要企业负责答疑、指导，这时就可以通过企业开设的服务电话直接咨询，获得帮助。这种方式既方便了客户，也提升了企业的信用度。如 1860 就是中国移动公司的免费客户服务电话，客户有什么问题可以直接询问，良好的服务给用户带来便捷的同时，也带来了美好的心情。

三、实操演练

1. 实操背景（本次实操演练以售中服务客户为例）

小赵是销售员微波炉的。这天一客户来到小赵的专柜看中一款微波炉，原价是 1060，适逢店庆促销价格是 800 元。

2. 实操过程

小赵：这款微波炉是今年款式最流行、功能最齐全的，这几天促销卖了好多出去，明天就又恢复原价了！

客户：产品我是相中了，可我今天没带那么多的钱，活动明天就取消？

小赵：是啊，只是公司二十周年庆价格才那么低的。那您身上有带信用卡吗？

客户：没有。

小赵：银行卡也没有？

客户：没有，我只是出来逛逛的，今天就没打算买。

小赵：那这样，你看行不，我出面为您担保，您先付200元定金，等晚上商品送到您家以后您再支付未付的部分，怎样？

客户：那当然好啊，这样让我省事多了，而且我也可以享受一下促销价，谢谢你啊！

3. 模拟时间

1个课时。

4. 角色扮演

2个人扮演。销售员1人，客户1人。

5. 效果要求

学员随时将优质服务提供给客户，急客户所急，想客户所想。

工作任务二　应对客户抱怨

老C：在与客户合作的过程中，由于主观或客观的一些原因，客户会心生不满，产生各种抱怨。

小C：是不是客户一有抱怨就应尽量满足呢？

老C：那到未必。因为在与客户合作的过程中，有些客户的抱怨是出于某种目的的，比如想要加大折扣、退货或增加谈判的筹码等。

小C：哦，原来这样。

老C：是的，因为抱怨有真有假，所以销售员一定要仔细分辨。

小C：当抱怨发生时，该怎么处理呢？

老C：通常处理客户抱怨可按这样的步骤进行：确认抱怨原因→感谢并解释→诚心诚意地道歉→积极弥补→提出解决方案→处理确认→总结检讨。

一、基础知识

客户产生的抱怨通常有以下几种。

（1）因服务或产品所致的抱怨

企业的服务不能满足客户的需求，送货不及时、货物短缺或产品质量问题等引起客户不满。对于此类抱怨，销售员应虚心接受，并将信息反馈给企业，通过改进产品或服务制度等提高服务质量，给客户一个满意的交代。

（2）习惯性抱怨

有的客户因生活或工作上遇到困难或碰到不顺心的事便对企业或销售员抱怨一番，这种没有明确动机的抱怨只是一种发泄。对于此类抱怨，销售员不需做过多的解释，只需做一个倾听者。因为客户的目的就是发泄情绪，发泄完就什么问题都没有了。

（3）为获取更多优惠政策

有的客户喜欢总结各个厂家产品的优劣势，根据其他厂家的优势，结合企业的劣势把每个厂家都说得一无是处。这种客户抱怨的目的就是给厂家的销售人员造成心理压力，增加谈判筹码，以便从厂家获取更多的优惠政策。对于此类抱怨，销售员应该对客户说不。部分销售员对客户，尤其是大客户的无理要求或指责只会点头称是，从不提出反驳意见，其结果便是在谈判中节节退让，损害了公司的形象和利益。

二、实操过程

第一步　仔细聆听抱怨内容

面对客户抱怨时，销售员应用关心的眼神看着客户，专心聆听，并认真把对方的谈话做整理，确认客户抱怨的真正原因。

销售员可以这样说："您的意思是因为……而觉得很不满是吗?"

第二步　表示感谢，并解释原因

有时候销售员可以从客户的抱怨中了解客户的真实想法或意图，还可能使自己获得进步，那么客户愿意花时间、精力来抱怨，销售员应对其表示感谢。更重要的是，先说声谢谢会让对峙的敌意骤降。

销售员可以这样说："谢谢您花费宝贵的时间来告诉我们这个问题，给我们提供一个改进（补救）的机会。"

第三步　诚心诚意道歉

如果客户抱怨的事情中，错确实在己方，销售员应赶快向其致歉，可以这样说："很抱歉我（们）做错了……"要是错不在己，销售员仍应为客户的心情低落致歉，可以这样说："很抱歉让您这么不高兴，真是对不起……"

第四步　承诺将立即处理，积极弥补

处理问题时，销售员应先表明积极处理的诚意："我很乐意尽快帮您处理这个问题……"如需要询问细节及其他相关信息，销售员别忘了先说："为了能尽快为您服务，要跟您请教一些数据……"切不可咄咄逼人、直接就问："你是跟谁说的？哪一天说的？你确定他是这么回答的"等，这种问法会让客户误认为你在推卸责任，会产生更大的怨气。

第五步 提出解决方法及时间表

稳定了客户的情绪后，销售员要根据公司的规定迅速提出解决方案。但此时销售员别自作主张，而是要将决定权交给客户，让客户去选择自己满意的方案。销售员可以这样说："您是否同意我们这样处理……"

这么一来，决定权在客户那里，他会感觉受到尊重而怒气不再，接下来销售人员就得快速处理错误，同时别忘了尽可能弥补客户的损失。

第六步 处理后确认满意度

客户的抱怨处理完后，销售员应再次与客户联系，确认对方是否满意此次服务。这样做，一方面可以了解自己的补救措施是否有效；另一方面也可以加深客户受尊重的感觉。

第七步 总结检讨

每一次客户抱怨的发生都会有其原因，但是不论错误在谁，销售员都应该自我检讨，寻找自己和企业制度的不当之处，然后进行改进以防患于未然。

三、实操演练

1. 实操背景（本次实操演练以抱怨处理为例）

小山是做办公用品销售的，他接到客户电话说不久前在小山手上买的纸张粉碎机不耐用，又出现故障了。

2. 实操过程

小山：李主任，早上好！您说粉碎机有问题，我过来看看情况！

李主任：哦，你来的到是挺及时的！

小山检查了半天，终于查出机器是因使用不当所致，还好，是一般性故障。小山很快就修好了。

李主任：这东西倒很是很适用，就是办公室里的这些小青年，使用说明也不看就毛手毛脚的开始操作，所以没有两天就坏了。

小山：是怪我事先没有给大家讲清楚。这样吧，您现在就将大家召集起来，我给他们讲一下使用方法和注意事项，怎么样？

李主任：好的，那这样太好了！

3. 模拟时间

1 个课时。

4. 角色扮演

每 2 人一组，分为 2 组，也可交叉演练。销售员 1 名，主任 1 名。

5. 效果要求

学员能结合设计的各种销售情境，顺利处理客户产生的各种抱怨。

工作任务三　处理客户投诉

老C：对于销售员而言，要面对各式各样的客户，每日进行着庞大复杂的销售活动，虽然总是努力为客户着想，不断改进工作，尽量避免问题的发生，但是即使优秀的销售员也不可能保证永远不发生失误或不引起客户的投诉。

小C：那么说来，处理客户投诉也是销售日常工作的重要内容。

老C：有的客户不满意时，就会一走了之、不说出来，销售员很难发现其不满之因，客户也就因此流失了。但投诉的客户却给予销售员解释和弥补的机会。

小C：客户投诉处理麻烦真多！

老C：从表面看，是有些麻烦，其实是给销售员一个难得的挽留客户和完善服务的机会。所以，客户投诉并不可怕，关键是如何对待。据调查，若投诉处理得当，将有90% ~95%的客户都愿意成为你的忠诚客户。

小C：既然投诉处理那么关键，工作中到底该怎样做，客户才会满意而归呢？

老C：客户投诉处理只要遵循相关处理原则，同时按一定的步骤处理就可以了。比如，正确对待投诉→了解投诉内容→及时处理→总结检讨。

一、基础知识

销售员在处理客户的投诉时应遵循以下几个原则：

（1）礼貌接待，安抚情绪

无论客户的态度如何，无论客户是否有误解，不要与客户发生争执，也不要与之争辩，要充分聆听客户的陈述，善于运用有声的语言和身体语言表达对问题的重视，站在客户的立场表示理解，并展现出积极解决问题的态度。

（2）适时致歉

如果的确是销售员自身或企业不足之处所致投诉的产生，销售员就应诚恳地就事件进行道歉。如果是客户产生的误解，销售员出于礼貌也应用道歉的语言，以舒缓客户的情绪。

(3) 调查事件原因

销售员接到客户的投诉后，应立即调查事件的原因，以在第一时间里了解事情的来龙去脉，并积极与客户及公司沟通，寻求双方都认可的解决方案。

(4) 处理及时合理

对于客户的投诉，销售员要迅速响应，并把问题解决的步骤和进程及时与客户沟通，以赢得客户的信任。

(5) 检讨结果，留档分析

对于每一起客户投诉，销售员都应及时寻找问题发生的根源，并提出整改方案。同时，对问题和处理情况做详细的记录，及时吸取教训，以避免同类事件的发生。

二、实操过程

第一步 接受投诉

客户对产品或你的服务进行投诉，你首先要做的是以诚恳的态度接受其投诉。客户投诉并不可怕，可怕的是处理不好。销售员应把客户的投诉看成是机会，只要能够及时正确地处理，说不定会因祸得福，让客户更加依赖和信任企业与销售员。另外，销售员要加强和客户的联系，倾听他们的需求和不满，及时反馈给公司，不断纠正公司在销售过程中出现的失误和错误，避免客户再次投诉。

第二步 了解投诉内容

客户的投诉涉及面很广，归纳起来主要表现在以下 4 个方面。

(1) 产品质量投诉

这是最主要的投诉内容，主要包括产品质量上的缺陷、产品出现故障、产品规格不符、产品技术规格超出允许的误差等。

(2) 货物运输投诉

货物运输投诉主要指货物在运输途中发生的损坏、丢失和变质，或因包装及装卸不当造成了损失而引起客户的不满，提出更换或索赔等。

(3) 购销合同投诉

产品的数量、规格、等级、交货时间、交货地点、付款方式、交易条件等与原购销合同规定不符时，可能会产生购销合同投诉。

(4) 服务投诉

服务投诉主要指客户对企业各类人员的服务质量、服务态度、服务方式、服务技巧等提出不满和批评。

第三步　及时处理投诉

通常客户投诉的处理要经过以下几个步骤，具体如图6－1所示。

步骤	内容	要点
1	认真倾听客户的投诉，记录投诉内容	(1)态度冷静、不可争论 (2)认真倾听、记录要点 (3)抓住投诉重点、明晰客户要求 (4)向客户表示歉意，平息客户怨气
2	确定投诉处理责任部门	(1)判断由谁负责，自己能解决及时处理，超过自己的权限范围转移至相关部门 (2)销售人员要负起责任，跟踪处理过程，直到问题被合理解决
3	售后服务部门分析投诉原因	仔细调查原因，不可想当然下断言或反驳客户，亦不可拖延时间，使问题复杂化。原因主要有：销售人员说明不够、没有履行合同；客户本身的疏忽和误解；产品本身确实存在缺点
4	提出处理方案	(1)针对投诉内容及客户要求，提出处理方案 (2)最好有2～3个处理方案
5	提交主管领导批示	将解决方案提交给上级领导审批
6	把解决方案传达给客户，化解不满	将解决方案在第一时间告诉客户并协商，了解客户的底线要求
7	实施处理方案，解决投诉	(1)几种解决方案由客户选择 (2)客户同意后立即实施，切忌拖延

图6－1　处理客户投诉步骤

第四步　检讨结果，总结评价

为避免再次发生类似投诉，将投诉记录存档，检讨结果，吸取教训，以便改进工作。

三、实操演练

1. 实操背景（本次实操演练以处理客户投诉为例）

小琴是药房的销售员，客户在她那儿买了一个体温表。半天后，客户打电话来投诉说体温表有问题。

2. 实操过程

客户：××药房吗？我刚才在你们那儿买的体温表，怎么我太太量完体温后，表内的水银柱就掉不下来了呢？我太太的体温是 38.8 摄氏度，可是我摸我太太的头，好像没那么热嘛！你们的体温表，好像有点怪是不是？

小琴：很抱歉，让你这么担心！不过照你的话听起来，大概是体温表内的水银有气泡的关系？

客户：是吗？怎么甩也甩不下去？

小琴：先生，请你把体温表上水银下不去的地方，用火烧一烧。但不要把火靠得太近，你先不要把电话挂掉，试试看怎么样？看水银柱会不会连在一起？

客户：喂！连在一起了，这是怎么回事啊？

小琴：好，你再用力甩甩看，有没有下去呀？

客户：好啦，完全下去了，这样以后还能用吗？

小琴：可以，以后还可以用的，既然好了，就请你太太多保重吧！

3. 模拟时间

2 个课时。

4. 角色扮演

每 2 人一组，分为 2 组，也可交叉演练。销售员 1 名，客户 1 名。

5. 效果要求

学员有效处理客户的各种投诉。

工作任务四　退换货及索赔处理

老C：销售工作中，除了要解决客户的抱怨及投诉外，有时还会出现退换货甚至索赔的事情。

小C：那是难免，面对如此棘手的事，怎样处理才算圆满呢，这个我一直比较困惑。有时满意了客户，公司利益又受损了；保住了公司利益，客户又丢掉了！

老C：这个就得根据具体情况区别对待、灵活处理！

小C：你能否给点提示啊？

老C：别急，关于这两个问题，也没有一定的标准。处理时，首先当然同处理客户的抱怨和投诉一样，得诚恳面对客户。然后，就产品退换及索赔事项结合公司的相关规定及作业流程进行处理。

一、基础知识

很多时候，客户提出投诉的同时会向销售员提出退换货或索赔，此时，销售员必须细心应对，避免事件扩大，损害企业形象。再者，退换货或索赔处理得当，不仅可以消除信誉危机，而且可得到客户的长期支持。

（一）客户退换货处理流程

图6－2是一般企业的退换货流程图，销售员应按照企业的相关制度为自己的客户办理退换货手续，同时协调好与客户的关系，不要因此而发生不愉快。

（二）客户索赔处理流程

图6－3是客户索赔处理的一般流程，销售员应该掌握以在工作中参考运用。

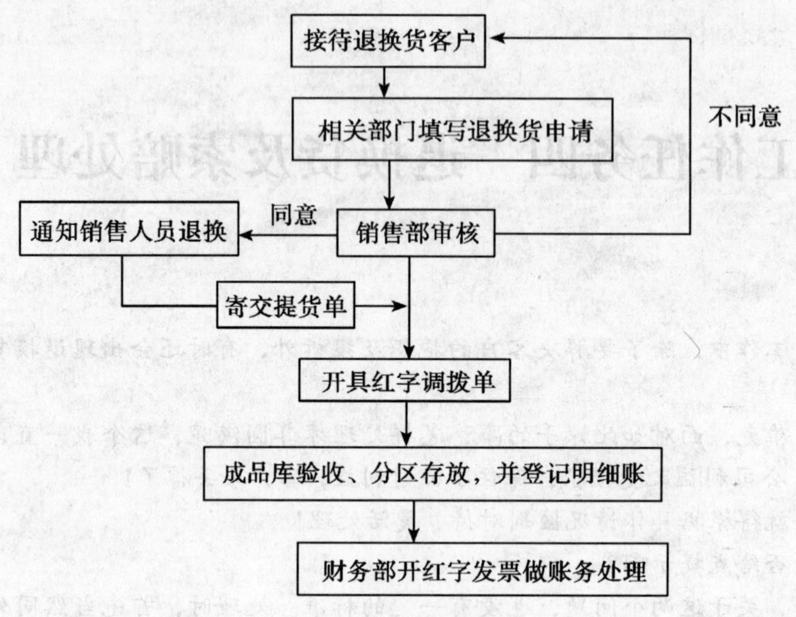

图6－2　退换货流程图

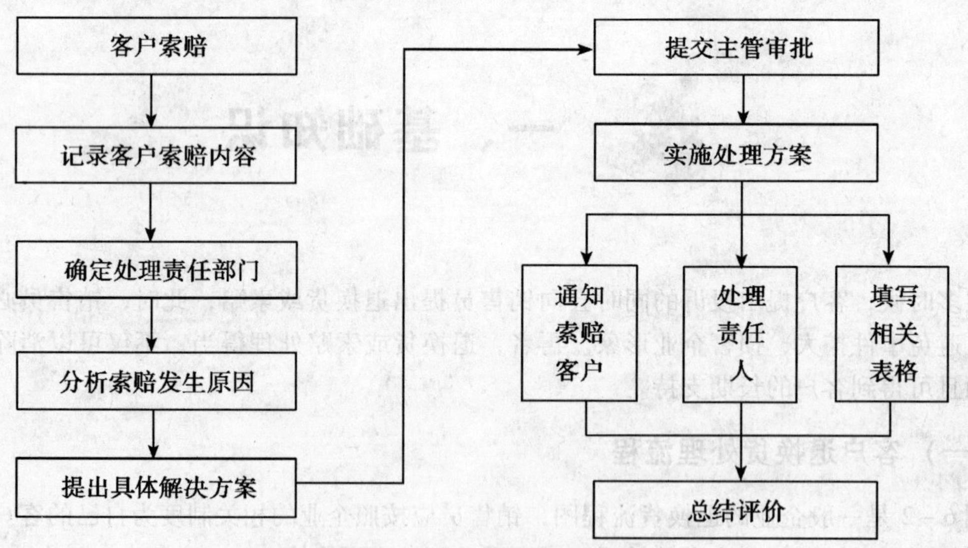

图6－3　索赔流程图

二、实操过程

客户退换货处理

第一步　热情接待客户

在退换货服务中，销售员必须认识到处理好客户的退换货是体现自己诚意的最好途径。对于要求退换货的客户，销售员要热情接待，此时需要做到以下几点：

(1) 销售员应该礼貌、热情地接待要求退换货的客户，这样可以有效缓解客户退换货时的负面情绪；

(2) 销售员应该先耐心地听取客户的要求，了解客户要求退换货的原因；

(3) 接待要求退换货的客户，要以爱心去对待，不能怕麻烦，不能推诿，要急客户之所急，迅速帮助客户处理退换货事宜；

(4) 对于退换货意志不是很坚决的客户，销售员应该尽量说服客户不退换货，并以对客户赠送一些小礼品的方式进行补偿。

第二步　了解退换货情况

通常，售出产品后发生下列情况，销售员要无条件为客户办理退换货手续。

(1) 产品确实存在质量问题，不能正常使用，而客户在承诺的有效日期内申请退换货；

(2) 企业配送过程中出现差错，客户收到的不是自己所购买的产品，或者到货数量等方面与购买清单不符，客户在承诺有效期内提出申请；

(3) 产品在运输过程中造成破损，客户在收到货物后的有效日期内凭运输单位证明提出退换货要求；

(4) 其他情况，诸如经销商召回残次品、样品等。

第三步　办理退换货

按照公司办理退换货的程序为客户办理退换货服务。

客户索赔处理

第一步　客户索赔接待

客户索赔总的原则是快速解决，避免客户对本企业印象恶化。所以，一接到客户的索赔要求，应以诚恳、亲和的态度来接待客户。客户投诉时，往往态度不太好，甚至可能出言不逊，此时销售员要冷静，并且语言亲切，切不可恶语相对，那样只能使局面恶化。

第二步　追查原因

如发生问题的责任在己方，销售员应立即向客户表示歉意，并迅速处理；如果原因一时不能确定，应立即将问题转到相关部门，追查原因，找到症结所在，然后采取相应办法处理。追查原因阶段，销售员应对自己的产品有信心，不可在调查阶段轻易与客户妥协。如果调查需要耗费较长时间，销售员应向客户详细说明，取得谅解。

第三步　界定责任，办理索赔

如查出问题原因在己方的话，企业相关部门应向客户书面道歉，并以完好的产品予以调换；如没有同样的产品，应给予相应的金钱补偿；同时说明出现问题的原因，以免客户产生误解导致坏印象根深蒂固。

如果要求赔偿的原因不在己方，应由承办人员召集各相关方，包括客户及各加工厂共同开会以查明责任所在，并确定是否应赔偿以及赔偿额度、各方应承担的份额等。

第四步　处理总结

当赔偿事件发生时，销售员应速将有关情报与相关部门联络，并以最快的速度加以处理，以防同类事件再次发生。

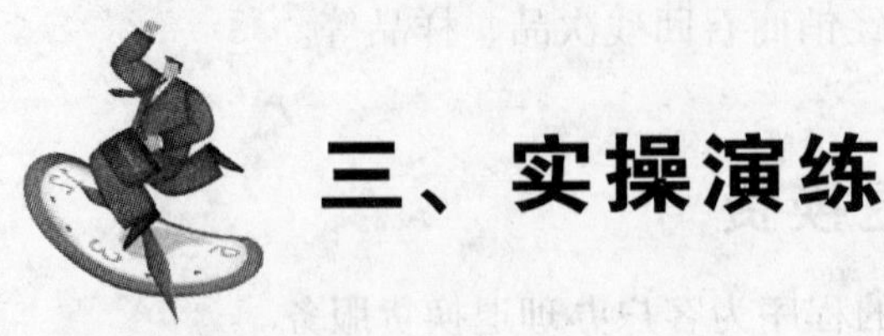

三、实操演练

1. 实操背景（本次实操演练以处理退货为例）

小丽是 R 商场自行车专柜的销售员，这天一对夫妇前来购买一辆山地自行车，说是送给儿子十周岁的生日礼物。按商场规定，晚上就可以将货送到客户的手中。

2. 实操过程

第二天一大早，前一天购自行车的夫妇怒气冲冲地找到小丽说要将昨天买的自行车退货，小丽等客户冷静下来后问清了事情的缘由，原来客户的当天晚上的生日，原本想将自行车送儿子作为生日礼物给儿子一个惊喜，结果昨晚自行车根本就没有送到。按单上打送货部的电话也打不通。

客户：我儿子生日都过了，这自行车我们也不要了，没有太大意义。哪有这样服务的！

小丽：很抱歉，真对不起！不过，请放心，我一定想办法给您们解决。

小丽立即联系送货部的同事，原来客户住在郊区，路途较远，送货部的同事当天也疏忽走时也没有检查车况，结果车在半路就抛锚了，所以导致自行车没有按时送到。

小丽将这一切耐心地解释给客户，然后又请示部门主管，补送了客户儿子一个大大的生日蛋糕，马上随车一并送去，以表歉意。

客户最后也没有坚持退货，满意地离开了。

3. 模拟时间

1 个课时。

4. 角色扮演

每 2 人一组。销售员 1 名，客户 2 名。

5. 效果要求

学员有效处理客户的退货处理。

工作任务五　维系客户关系

老C：客户是企业及销售员的重要资源，是销售员的无形资产。

小C：可作为销售员该如何与客户建立长期的合作关系呢？

老C：最好的办法自然是在自己职责、权限范围内为客户优质、贴心的服务。

小C：优质、贴心服务的标准是什么、怎样才能做到呢？

老C：当然有些事项是销售员控制不了的，在自己的职责、权限范围内可按这样的步骤进行：

首先为了赢得客户的信赖，在有合同的前提下（口头或书面），履行合同为第一要务。

接着，销售员要时常想着客户，货物售出后，应适时回访。

同时，销售员平时应注意收集整理信息，主动告之客户有利的信息。若客户出现问题，销售员要积极配合解决。对于典型事例，应记录下来作为“后事之师”。

最后，若想长期合作，则需建立健康的友谊关系。

一、基础知识

客户是销售员的重要资源，客户关系是销售员的无形资产，销售员在与客户达成交易之后，如何与客户建立长期的合作关系呢？唯一的途径就是在自己的职责、权限范围内，提供给客户优质、贴心的服务。

虽然很多服务措施是企业制定，销售员控制不了，但销售员至少可以做到以下3点。

（1）赢得客户的信赖；

（2）让客户感到真诚，回应迅速；

（3）真正关注客户的利益，做客户的贴心人。

二、实操过程

第一步　履行合同，赢得信赖

合同的履行，就是指签约当事人按照合同约定完成合同义务，实现合同规定的权利的行为。全部完成合同规定的义务，为全部履行；部分完成合同规定的义务，为部分履行。

（一）履行合同需要遵循的原则

1. 实际履行原则

实际履行指当事人必须按照合同规定的标的来履行。合同的标的是什么，义务人就应给付什么，既不能用其他标的来代替，也不能用金钱来代偿；义务人在违反合同的情况下，即使支付了违约金，也不能免除其合同责任。只要对方需要并坚持，还必须按照合同规定的标的继续履行。

2. 适当履行原则

适当履行指切实、准确地按合同约定的各项条款去履行。

3. 协作履行原则

协作履行指合同双方当事人应本着团结、协作、互相帮助的精神，去共同完成合同规定的权利义务，履行各自应尽的责任。

4. 诚实信用原则

当事人在履行合同中，应遵守诚实守信的原则，根据合同的性质、目的及交易习惯正确履行合同规定的义务。

（二）履行合同，落实承诺，赢得信赖

（1）合同签订之后，销售员要按照合同规定，寻找相关责任部门一项项落实，下订单、发货、运输、包装等各个环节都不能疏忽，要一一确定清楚。

（2）谈判时，为了成交而答应给客户的优惠或补偿条件，销售员要尽快在公司申请落实，切不可忘记，等客户提醒你的时候，他可能已经不高兴了，这会让优惠政策效果打折扣。

（3）销售员一定要确保货物能准时送到，避免出现差错和迟到给客户造成损失。同时应确保产品、设备等能及时地被安装调试。这就要求销售员提前联络技术人员上门服务，倘若不能按约定执行，一定要跟客户协商。

（4）如果销售员有空闲，或者方便的话，在产品到货、安装调试的时候，最好能亲自到场协助处理，让客户放心，同时给客户一个办事认真负责的好印象，增进友谊。

第二步　适时回访，知晓情况

销售员在成交以后，仍应积极主动的联系客户，不要被动地等客户有问题来找。要想赢得客户的长久支持，销售员就得时常为客户着想，让客户感受到关心，以增加客户对销售员的好感。适时的回访不但能给客户带来帮助，而且能够巩固与客户的关系。

（一）回访的方式与目的

1. 回访方式

销售员可通过电话、信函、亲自上门等方式进行回访。

2. 回访目的

（1）表达对客户的问候与关心，可通过电话实现；

（2）尽可能地让客户对产品满意，消除客户“疑惑”心理，因为很多人在购买以后存在“是否该买”的疑问；

（3）了解客户使用产品的情况，问一问客户是否对产品满意、产品功能是否给客户带来便利、使用上有没有问题等；

（4）处理其他重要事情等。

（二）回访需要处理的具体事情

（1）核对交易事项。合同签订完成，有时候可能出现不能按约履行的问题。例如由于产品已无库存而不得不延迟交货，这时销售员必须及时与客户进行沟通，及时想办法，避免己方因违约而承担责任或给客户带来损失。

（2）调整交易量。有时候己方库存不足，或者客户又决定购买更多数量的产品，这时也需要销售员及时与客户沟通，考虑扩大交易的可能性和客户的支付货款的能力。

（3）培训。

有些技术含量高的产品，需要对客户方的使用人员进行培训，销售员要在这方面提供帮助，随时了解客户方人员的使用情况，遇到技术问题随时给予解答。

（4）票据与文书往来。

为避免因票据开错或者有误而让客户产生误解，影响双方关系，销售员必须确保所填制的文件准确无误，包括产品的型号、代号、价格、折扣、佣金、折让及税费等。反复核对各项数字，以确保手写字迹清晰，检查客户的支付情况，若存在延迟支付的情况，应及时与客户进行沟通，采取适当的措施。

（5）向客户提供新的商务机会，提出增加利润的建议，或者商讨下次合作的各项事宜。

小C：客户关系维护光这样就可以了吗？

老C：不，这是远远不够的，平时在与客户的交往中还得注意以下事项，以免给客户留下“临时抱佛脚”的印象。

第三步　积极沟通、建立友谊

（一）主动收集，及时传递

平时注意收集整理信息，主动告诉客户那些对他们有用的信息，不要等客户从别的途径得到信息之后来向你确认。等到客户心里多少已有不满，销售员就会陷入被动。对客户有用的信息一般包括如下几项：

（1）各类优惠活动；
（2）企业推出新产品；
（3）为答谢老客户而举行的相关活动；
（4）机器设备免费回厂检查；
（5）与客户企业发展相关的信息；
（6）其他公司的信息，不过注意把握尺度。

（二）换位思考，解决问题

销售员要主动跟公司相关部门联络，帮助客户解决问题。销售员在兼顾公司的利益的同时，还要站在客户的角度考虑，尽心地为客户争取最大利益，让客户完全信赖你。例如客户投诉产品有质量问题，当确定确实是本企业的疏忽导致产品出现质量问题时，那么销售员首先要向客户致以歉意，然后积极替客户奔走，直到问题被解决为止。这样能使客户加深对你的印象，同时也增强了客户对企业的良好印象。

（三）记录状况，预先处理

销售员要养成随时收集客户资料、随时记录有用信息的习惯，以便提醒客户，防止不必要的问题和麻烦的发生。

汽车销售员李××记录了他的每一位客户的详细资料，包括购车时间、品牌、客户职业等，在客户的汽车保险到期前，他总是预先提醒客户去办理或者协助客户处理保险事宜。

一位安利的销售代表，记住了他所有客户的情况。针对不同的客户，他总是能够及时地把细心的服务送到客户面前。他有一位年事已高、腿脚不方便的客户，每次送货给这位客户之前，他总要先打电话问这位客户要不要顺便帮他捎份报纸，或帮他买点其他的生活用品。试想，该客户在得到销售员的帮助之后，心里怎能不高兴，下一次他有需要时怎能不首先想到这位销售员呢？

（四）建立友谊，长期合作

除了业务往来外，与客户建立私人友谊也是维护客户关系的一种有效方法。市场上的产品那么多，用谁的都行，为什么总购买你的呢？这就需要销售员想办法和客户或者客户方的负责人处理好关系，建立私人友谊，以进行长期合作。

1. 私人友谊不可过度亲密

与客户建立友谊，成为朋友，是件好事，但是交往不应过度亲密，其局限性有以下3点。

（1）关系过密可能使商务关系受损

销售员与客户个人关系密切，可能会使业务关系受损。存在如下几种情况。

客户帮助你，让你的产品摆在卖场特别显眼的位置或者在其宣传广告上得到特别推荐，这样虽然有助于销售，但销售员却可能要付出更大的代价来赢得这种待遇。销售中建立的友谊大多数是短暂的，如果客户换了工作、被解雇或退休了，那么销售员还得与新的人员重新建立关系，若交接不好，就可能关系破裂。一旦建立了友谊，有些销售员就会视客户如朋友，不再像以前那样全心全意地提供服务了；反过来，客户方面也会感觉到这种懈怠，但是为了维持友谊，他们很少会把自己的失望迅速反馈给销售员，而往往是听任情况继续恶化下去，最终导致友谊破裂。因为与销售员关系密切，客户方就会要求种种特别的优惠待遇，例如更大的折扣、优先购买权、宽松的退货条件与付款期限等，如果销售员答应了诸如此类的要求，就会伤及企业及其他合作伙伴的利益，其他的客户或潜在客户就无法分享这些只有“朋友”才能享受的额外服务，长此以往，会给企业的销售工作带来负面影响；而拒绝请求则会对感情造成伤害，出现意想不到的状况。

（2）关系过密会给自己和企业带来昂贵的交际成本

销售员为了建立和维护合作关系，通常会给客户送礼、提供昂贵的娱乐节目等，那么这笔费用由谁来出呢？企业不可能没有额度限制，超出交际费用限制，只能是自己掏腰包了。

（3）与客户过度亲密会造成各种关系难以平衡

如果销售员与某个客户建立了牢固的友谊，行业内的其他客户对这种友谊会怎么看呢？帮助朋友以最优惠的价格给朋友提供最好的产品与服务是顺理成章的事情。你在公司的竞争对手会不会知道呢？当然会。只要你在生意上为朋友提供了优惠的服务，其他销售员就一定会知道。即便你没有给朋友优惠，他们仍然会认为你的朋友占了便宜，你会两边不讨好。

2. 与客户保持健康合理的私人友谊

为了发展自己的业务，给企业带来更大的利润，与客户建立私人友谊无可厚非，但是一定要把握好尺度，保持健康合理的私人关系。

（1）划清友情和商务的界限。

友情归友情，销售员可以在售后服务或者政策上优先照顾；商务归商务，催缴货款等工作职责一定要遵守，一定要从本企业的利益出发，绝不能把个人友谊与商务关系混为一谈，让友情影响到商务关系。

（2）互相理解，互相帮助。

销售员要洞悉客户的难处和种种约束，同时也要让客户了解自己的难处，不要提出过分要求，或者因为朋友关系而忽视业务关系。

（3）销售员与客户要保持一定距离。

与客户的关系应该发展到什么地步、保持什么样的距离，销售员的心里应该有杆秤。应该设定一个界限，彼此都保有一点儿严肃和尊敬，明确双方的角色，做好双方企业的沟通桥梁，只有这样才能保持长久的友谊与合作关系。

3. 建立私人友谊的途径

（1）用诚意赢得客户，在业务上尽心尽力，处处替客户着想，解决客户的实际问题，给客户提供方便。

在上世纪90年代初，保险公司的销售员李强认识了一家小五金厂的老板孙先生。由于当时孙先生的事业刚刚起步，他的工厂在一个离市区较为偏远的地方，去时得走很长一段土泥路才能坐到公交车，办公室是废弃的车厢改装而成，工厂里的蚊子也很多，李强每去一次，腿上就被蚊子叮得满腿包。但是李强并没有像其他销售员那样放弃这位准客户。一次又一次的探访，孙先生终于被李强的诚意感动，买了一份20万元的终身保险，一年的保费约三千元。

工厂经过了起步的初始创业期后，90年代末，孙先生的事业已经做得有声有色，这当中，李强依然常常去找他。每次见面，不免谈起自己的目标，他总会很爽快地说："如果我签成了这次合约，我就跟你再买一张保单。"

"好，我一定会帮您祈祷，我们一起努力！"

由于孙先生的产品质量好，信用也好，渐渐地在同行中打出了名气，吸引了更多的厂商和他签约。

他果真也就说到做到，每签一次约，就向李强买一份保险。

年复一年，李强和孙先生的感情已经从朋友变得像兄弟一样。

如今，孙先生已经是本市五金制造业的大老板，经过李强处理的保单少说也有12份以上，每年缴出的保费约新台币20万元。

（2）了解客户，投其所好。

老C提醒：

用心去发现客户的优点并诚实地称赞他；运用智慧去发现彼此之间的共同爱好，然后创造机会与其一起进行。

（3）与客户熟悉后，可以用心去收集客户的一些私人信息，例如生日，还有就是客户结婚、客户公司搞活动等，销售员应该去参加，这也是增进友谊的一种好方法。

（4）用你的人格魅力去征服客户。

品格、道德是衡量一个人的永久标准。一个立身严谨、道德高尚的人即使不能成就非凡的事业，也不至于会完全失败，因为大家会信任他、帮助他；相反一个人格堕落、道德水平低下的人，也许有很强的能力、很多小聪明，能取得一时的胜利，但却不会成就大事业，不会赢得人们长久的敬意。

品格、道德也许不是一个人的直接生产力，但却是无形的资产和财富；也许不是成功的充分条件，但却是必要条件。在人的一生中，道德品格随时都会起作用，它要么是你的宝库，要么就是你前行的绊脚石。因此，用你的人格魅力去征服客户，获得的将是无尽的财富和帮助。

三、实操演练

1. 实操背景（本次实操演练以提供高水平服务为例）

于先生经常出差去云南，并下榻在云南一家著名的酒店。第一次入住时酒店良好的环境和服务给他留下了深刻的印象，当他第二次入住时的几个细节更是让于先生感动不已。

2. 实操情景

早上，于先生起床刚准备去餐厅。

服务员小 A：于先生，早上好，您是要用早餐吗？（恭敬）

于先生：你怎么知道我姓于？（很吃惊）

服务员小 A：我们酒店规定，入住我们酒店第二次的客人，我们每个服务员都必须知道客户的姓名及爱好等相关资料。

于先生刚进餐厅。

服务员小 B：还是老位子吗？

（于先生心想，尽管我不是第一次在这里吃饭，但最近一次也有三个月了，难道这里的服务员记忆力那么好！）

于先生：老位子，老位子！

服务员小 B：还是老菜单，一个三明治、一杯咖啡、一个鸡蛋？

于先生：老菜单，就要老菜单！！

3. 模拟时间

1 个课时。

4. 角色扮演

由 3 ~ 4 人组成一个小组，分角色扮演；

服务 2 ~ 3 人，客户 1 人。

5. 效果要求

学员如何为客户高质量的贴心服务。

习　题　六

一、单项选择题

1. （　　）主要指销售员及零售企业的营业员在销售产品的过程中为客户提供的各种服务，目的是消除客户顾虑，以便最终达成交易。

A. 售前服务　　B. 售中服务　　C. 售后服务　　D. 前面说法均不对

2. 完善的售货服务有迅速、（　　）、周到这几项要求。

A. 完善　　B. 特殊　　C. 合理　　D. 准确

3. 包退服务即商品自出售之日起的一定时期，通常为（　　）天内，发现质量有问题的客户可以要求退货。

A. 3　　B. 5　　C. 7　　D. 9

4. 包换服务即商品自出售之日起的一定时期通常为（　　）日内，发生性能故障或对商品不满意，客户可以选择对产品进行更换。

A. 10　　B. 15　　C. 20　　D. 25

5. 保修服务即商品自售出之日起的一定时间内通常是（　　）年，商品可以享受免费维修的服务，超过保修期则收取一定的维修费用及零配件的成本费。

A. 1～3　　B. 3～5　　C. 5～7　　D. 10

6. 销售人员在对客户进行回访作业时，可通过电话、信函及（　　）等方式操作。

A. 让客户服务人员代为处理　　B. 短信

C. 电子邮件　　D. 亲自上门

二、多项选择题

1. 完善的售货服务有（　　）这几项要求。

A. 迅速　　B. 准确　　C. 周到　　D. 谢意

2. 财务服务主要有（　　）两种形式。

A. 延期付款　　B. 一次付款　　C. 现款结算　　D. 分期付款。

3. 以下情况均不属于"三包"范围的有（　　）。

（1）因客户使用、维护、保管不当造成损坏的。

（2）因非指定承担"三包"的修理者拆动造成损坏的。

（3）无三包凭证及有效发票的。

（4）三包凭证型号与修理产品型号不符或者涂改的。

（5）因不可抗拒力造成产品损坏的。

A.（2）（3）（4）（5）　　B.（1）（2）（3）

C.（2）（3）（5）　　D.（4）（5）

4. 销售人员在处理客户的投诉时应遵循（　　）及检讨结果，留档分析原则。

A. 礼貌接待，安抚情绪　　　　　　　　　　B. 适时致歉
C. 调查事件原因　　　　　　　　　　　　　D. 处理及时合理

5. 客户的投诉涉及面很广，归纳起来主要表现在（　　）及服务投诉这几个方面。

A. 产品质量投诉　　B. 货物运输投诉　　C. 购销合同投诉　　D. 交易条件

三、是非判断题

1. 企业要根据自身情况及自己产品的特点、目标客户群等来选择合适的广告媒体进行宣传，以达到吸引目标客户购买的目的。（　　）

2. 分期付款指客户在购买产品时不当场付清货款，而是在双方协商规定的以后某个日期内一次性付清。（　　）

3. 延期付款指客户购买产品时不需一次付清全部货款，而是按双方规定的条件先支付部分货款，余下部分在一定时期内分数次还清。（　　）

4. “三包”服务指企业推出的包修、包退、包换服务承诺。（　　）

5. 包退服务。即商品自出售之日起的一定时期（通常为 10 天）内，发现质量有问题的客户可以要求退货。（　　）

6. 通常，客户资料卡中应包括客户基础资料、客户特征、业务状况、交易现状及客户资产等方面的内容。（　　）

四、简答题

1. 要想让客户心甘情愿地买自己的产品，企业必须做好哪些方面的工作？

2. 销售人员帮助客户挑选产品已成为售中服务的重要内容。作为销售人员，在帮助客户挑选产品时应注意哪几项内容？

五、实操及案例分析

星期天一大早，E 食品公司代理商就向销售人员小 Q 反映半个月前在其手中购进的 S 牌植物油在终端客户使用时发现有浑浊，此时客户正在代理商的店铺里不依不饶地吵着要退货，代理商希望销售人员就此事予以解决，以挽回给自己的店铺造成的声誉影响。

该代理商的销售业绩和经营信誉都很不错，但终端客户所拿产品的批号已经无法看清楚，并且油也只剩下半桶了。小 Q 一看此情况就知属于产品储存的问题，与制造企业及代理商均无关。可面对情绪激动的客户，小 Q 该怎么处理最好呢？

参考答案

一、单项选择题

1. B　2. D　3. C　4. B　5. A　6. D

二、多项选择题

1. ABC　2. AD　3. BD　4. ABCD　5. ABC

三、是非判断题

1. ×　2. ×　3. ×　4. √　5. ×　6. √

四、简答题

1. 简答：要想让客户心甘情愿地买自己的产品，企业必须做好以下方面的工作：

(1) 进行充分的市场调查，了解客户的需求，生产适合目标客户的产品。

(2) 给客户提供各种便利，如为客户提供技术培训、免费咨询指导，商场设立服务台、试衣室、休息室、存包处、自动柜员机等，使客户有方便的感觉，进而乐意购买。

2. 简答：略

五、实操及案例分析

参考答案：首先应安抚用户的情绪，然后询问用户购买时间及储存时间和与产品相关的信息，确定是由于何原因造成用户这种情况。如确实是用户储存方面的问题，可以向用户解释，如用户要求强烈，可以为用户更换或赠予用户一个小桶（因为用户所购买的产品只剩下半桶），同时提醒用户一定要注意保存方法、时间。这样不会影响公司的声誉，虽然现在看来公司有意点损失，但是从长远利益考虑还是有益于公司的。

参考文献

[1] 滕宝红．营销人员培训手册．广州：广东经济出版社，2007.

[2] 刘俊．业务员岗位职业技能培训教程．广州：广东经济出版社，2007.

[3] 刘俊．优秀推销员技能培训手册．深圳：海天出版社，2008.

[4] 宁小军．销售无障碍．北京：中国时代经济出版社，2009.

[5] 尹刚．优秀促销员工作技能手册．北京：中国时代经济出版社，2008.

[6] 尹强．推销就这么做：优秀推销员的 80 个细节．北京：中国时代经济出版社，2006.

[7] 南兆旭、滕宝红等．营销绩效提升测评．深圳：海天出版社，2003.

[8] 滕宝红．营销主管日常管理工作技能与范本．北京：人民邮电出版社，2007.

[9] 王宏．销售人员岗位培训手册．北京：人民邮电出版社，2007.

[10] 王淑燕．促销人员岗位培训手册．北京：人民邮电出版社，2007.

[11] 李先国．现代推销理论与实务．北京：首都经济贸易大学出版社，2008.

[12] 周树清．推销必备全书．北京：中央编译出版社，2006.

[13] 于雁翎．推销实务．广州：广东高等教育出版社，2006.

[14] 叶素贞．销售新手入门训练．广州：广东经济出版社，2007.

[15] 叶素贞．销售靠嘴成功靠腿．广州：广东经济出版社，2007.

[16] 林川．销售就是察言观色．广州：广东经济出版社，2007.

[17] 肖建中．带动师：绩效教练．广州：广东经济出版社，2007.

CAC就业一体化服务平台

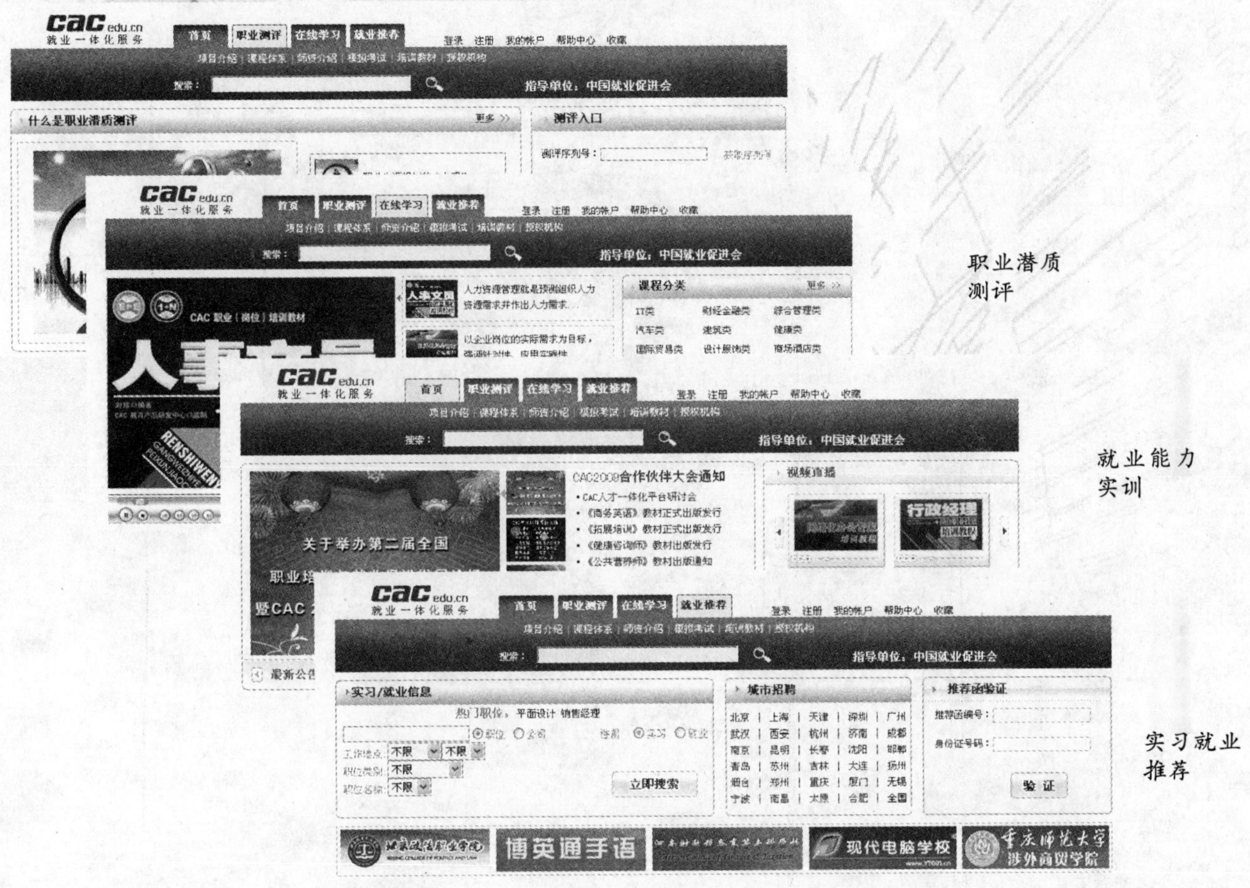

职业规划 报告解读 在线课程 模拟考试 案例百问 资料下载 师资介绍

培训教材 我要实习 我要就业 实习岗位 就业岗位 专家指导 职场资讯

www.cacedu.cn